迷った時、「答え」は歴史の中にある。

中谷彰宏

歴史を
人生に活かす
64の方法

YUSABUL

歴史を見ていると、
今、悩んでいることの
答えがある。
学びのこよなく。
感じれば
中谷彰宏

あきひろ

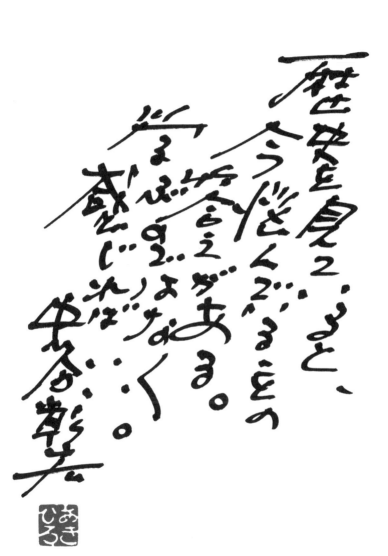

この本は、3人のために書きました。

（1）学校時代、歴史が苦手だった人。

（2）歴史に興味はあるけど、どうやって勉強すればいいかわからない人。

（3）悩み事を抱えていて、解決策を探している人。

はじめに
01
歴史を説明するより、歴史に対しての考えを持つ。

「歴史に強い」というのは、「知識がある」ということではありません。

大切なのは、世界観があるかどうかです。

「大きな流れ」をつかまえているかどうかです。

昔話をする人よりは、歴史の話をしてくれる人の方が魅力的です。

歴史の知識のひけらかしになると、つまらなくなります。

人が言ったことに対して、「それは間違っている。実際はこうだよ。何も知らないんだな」と言うのは嫌われます。

こういう人がそばにいると、歴史が嫌いになってしまいます。

面白いのは、世界観です。

『スター・ウォーズ』が面白いのは、スター・ウォーズの世界観にハマるからです。

細かい歴史は、世界観があってはじめて面白いのです。

『007』も、『ミッション：インポッシブル』も、『アベンジャーズ』も、歴史も同じです。

歴史を勉強する時に大切なのは、自分なりの世界観を持つことです。

知っているか知らないかよりも、それについて自分なりの意見を言えるかどうかが大切です。

美術に関しても、一生懸命説明するわりには、「あなたの意見は？」と聞いた時に、「○○さんがこう言っている」としか言えない人がいます。

そういう人は、つまらないのです。

受験勉強の歴史は、自分の意見を言えません。

個人的見解で、点は取れないからです。

それに対して、大人の歴史は意見の方が大切です。

それが受験勉強の歴史と大人の歴史との大きな違いです。

受験勉強をするのは、自分の意見を持つためです。

受験勉強の歴史とは違う自分の意見を言うために、必要なデータを勉強しておくわけです。

それが面白いのです。

歌舞伎のネタは、一見たくさんあるようですが、大半は忠臣蔵の世界観からのスピンオフです。

今はディズニーも、ディズニーキャラの中から、わき役を立ち上がらせています。

サンリオピューロランドも、わき役が主役になり、人気が出始めています。

大切なのは、1つ1つの年号とか歴史用語を覚えることではありません。

歴史観がわかることが、歴史が面白くなってくるキッカケになるのです。

歴史を人生に活かす 01

知識より、世界観を持とう。

歴史を人生に活かす64の方法

迷ったとき、「答え」は歴史の中にある。

目次

装丁　米谷テツヤ
本文デザイン　白根美和
著者近影　為広 麻里
カバーフォト　westend61/gettyimages

02

歴史に「正しい」は、ない。「正しい」は権力者側からの見方にすぎない。

歴史の話をして、「あなたの言っていることは間違っている」と指摘されても、心配しなくて大丈夫です。

歴史には「正しい」がないので、「間違い」もないのです。

学校で習って、試験に出て、〇×がつくことですら仮説です。

新しい資料が見つかったら、それは変わるのです。

今のところの正解でしかないのです。

子どものころに習った源頼朝像ですら、今は違う人になっています。

足利尊氏《あしかがたかうじ》も、あの絵で覚えているのに、今は違うのです。

お札になった聖徳太子も想像図です。

笏《しゃく》があっての聖徳太子なのに、聖徳太子の時代に笏はないのです。
私は堺市の出身です。
堺市には観光ボランティアさんがいっぱいいます。
観ボラさんの話が楽しいのは、「ここからは私の想像ですが」からです。
古代史となると、わからないことだらけです。
自説であっても面白い方がいいのです。
正しいと思われているものは、すべて後の権力者がつくった正しさです。
権力者が変われば、「正しい」と「間違い」は反転します。
お墓に書かれた文言も正しいとは限りません。
お墓は征服した人がつくっています。
後からいくらでも書きかえられるのです。
何も信じられないのかというと、そうではありません。
「正しい」がたくさんあると考えれば、歴史の話はいくらでも楽しめるのです。

歴史を人生に活かす

02

「正しい」にこだわらない。

03

歴史は、すべて仮説だ。

歴史は「自分の好きな説」を選べばいいのです。

自分の中で、「ということは、これがつながるから、こういうことだな」ということでいいのです。

歴史の楽しみは、解釈の楽しみです。

つなげる楽しみです。

エビデンスよりも、イマジネーションを大切にしていくのです。

神話と歴史に境目はありません。

『古事記』と『日本書紀』も歴史書でありながら、最初の方は神話です。

みんなそれを真剣に信じることに意味があります。

私の母親は大河ドラマを真剣に信じています。

母親の歴史観は大河ドラマでできていて、「平家が滅亡させたのは常盤御前《ときわごぜん》の力だ」とか信じています。

TVドラマはそういうつくり方になっています。

みんなが信じると歴史になります。

歴史は、ロマンです。

真実かどうかよりも、どちらの発想が面白いかを優先していいのです。

私がクイズ番組に出た時は、「説得力があって答えが間違っている」を目指しています。

説得力があって正解だったら、つまらないのです。

せっかく番組をつくった側の人に申しわけないです。

みんなが「絶対これが正解だ」と思っていたことが間違いだったというのが盛り上がるのです。

一番つまらないのは、まぐれで当たることです。

正解よりも、オリジナルの解釈を楽しむのが歴史の楽しみ方です。

時々、「〇〇のところは間違っています」というお手紙をくれる人がいます。
間違っていたら自分で直しておけばいいのです。
正しさよりも面白さを優先することです。
歴史の本は教科書ではないのです。

歴史を人生に活かす

03

正解より、オリジナルの答えを持とう。

04

明日起こることは、歴史の中にある。

「これからの時代は、どうなるんでしょう」と心配する人がいます。

答えは、歴史の中にあります。

明日起こることは、歴史の中ですべて起こっているのです。

私たちは、それを忘れているだけです。

わかりやすい例が、地震や津波、火山噴火です。

大きな地震は100年に1回です。

100年たつと、ちょうどいいぐらいに、それを経験したおじいさん・おばあさんがいなくなっています。

自然災害は、人間の都合ではなく、地球の都合で起こっていることです。

地球の歴史は、人間の一生に比べれば、はるかに長いです。

人間の都合を地球に押しつける方がおかしいのです。

津波対策も、未来予測をするよりは過去を見る方が理にかなっています。

被災した町や村には必ず「ここまで逃げろ」という碑があるのです。

普通は低いところに町があって、神社や寺は山の上にあります。

ところが、伊豆では逆になっている所があります。

昔、ここに津波が来て、下に住んでいた人が高台に移転したからです。

すべてのアクシデント・災害・トラブルは、歴史の中ですでに起こっています。

そこに答えがあるのです。

美術作家の杉本博司《ひろし》さんは「新素材研究所」で旧素材の中から、新素材を研究しています。


古い素材で忘れているものほど、新素材になるのです。


これが歴史の面白さです。

歴史を見ていると、「意外に新しい」と感じることがあります。

岡本太郎さんも、火焔《かえん》型の縄文式土器を見て、「これは新しい」と発見しました。
今、新しいものほど、すぐ古くなります。

歴史の中にあるものほど新しくて、この新しさは古びないのです。

たとえば、彫刻家成田亨《とおる》さんによるウルトラマンの造形は、仏像がもとになっています。

ウルトラマンの顔は、ちょっと笑っています。

あれは教科書で習ったギリシャのアルカイックスマイルです。

ウルトラマンは未来感がありますが、モデルはギリシャ彫刻や仏像なのです。

歴史を人生に活かす 04

答えを、歴史の中で見つけよう。

05

自分中心の歴史を、深彫りしていい。

歴史の楽しみは、深彫りの楽しみです。

子どもの歴史の勉強と大人の歴史の勉強は違います。

大人になると、いろんな趣味が生まれます。

自分の好きなジャンルを通して、その歴史を1つの軸にして深彫りしていけばいいのです。

年表を自分の歴史順に勉強するということです。

歴史嫌いが多いのは、1つはテストがあるからです。

もう1つは、授業がチマチマゆっくりだからです。

ゆっくりされると、流れがわからなくなります。

歴史は、カツ丼と同じです。

歴史とカツ丼は、スピード感で食べないと味わえません。

「30回噛んで」と言われると、カツ丼の醍醐味がなくなるのです。

1時間の授業で過去から現代まで一気に3000年を学べば、流れがわかります。

新入社員の仕事も、ベルトコンベアの一部分だけしていても全体はわかりません。

最初から最後まで一回通してすると、全体が見えてきます。

「今は全体の中のここをやっている。だから、こうした方が後の人の仕事がやりやすいな」というのがわかるのです。

歴史で面白いのは、点ではなく、流れです。

奈良時代とか平安時代とかの時代順に勉強するよりも、1つのテーマを通して縦に通した方が面白くなります。

学校時代に輪切りでやっていたことを、予備校ではジャンル別に縦に切っていきます。

だから予備校の先生の歴史の授業は面白いし、わかりやすいのです。

自分で歴史を勉強する時も同じようにします。

大事かどうかよりも、自分中心で構いません。

自分の趣味や出身地など、何を軸にしてもいいのです。

歴史を人生に活かす 05

時代順ではなく、自分のテーマで通そう。

06

歴史は、反動で動いている。

学校で宗教改革を習った時は、「マルティン・ルターが免罪符を発行しているカトリックに異議を唱えてバチカンに抗議した。これがプロテスタントである」と教わったつもりでした。

これは勘違いでした。

マルティン・ルターは、「今は教会中心になっているから、イエス様の教えに戻りませんか」としか言っていません。

「教会を批判するのか」と糾弾されたので、各地域の領主がルターを弁護する手紙を神聖ローマ帝国に送ったのです。

バチカンと、神聖ローマ帝国は違います。

神聖ローマ帝国は今のドイツ・チェコ・オーストリア・イタリア北部です。

領主が手紙を送ったことがプロテスタントです。

ルターは誰にも抗議をしていません。

ルターの言葉を信じたトマス・ミュンツァーが「これからは教会中心の時代から農民中心の時代だ」と言って、それに過激派が乗っかってきたのです。

ルター自身は「私はそんなことは言ってない。そんな荒っぽい解釈はダメダメ」と言っていました。

それにもかかわらず、過激派の運動が広がって、そのおかげでプロテスタントが広がったのです。

歴史は、意図とは違う方向で転がります。

学校では、「活版印刷機で聖書をドイツ語に訳したことでプロテスタントが広まった」と教わりました。

たしかに活版印刷機は間違ってはいません。

ただし、実際は活版印刷機でアジビラをつくって、そのチラシが広まったのです。

広告業の始まりです。

カトリック側も黙っていたわけではありません。

カトリックは、反宗教改革を起こします。

キリスト教が公認されてから1000年の間に、カトリックはイエス推しから聖母マリア推しになりました。

教会に行くと、マリア像があります。

いつの間にか、主役がイエスのお母さんに変わっているのです。

ルターが「イエス様の教えに戻ろう」と言ったので、カトリックは「じゃあ、うちはマリア様推しだ」ということで、ますます聖母マリア推しに進んでいきました。

カトリックはゴージャスです。

プロテスタントは、もっとシンプルにするために絵画を飾るのをやめました。

プロテスタント教会かカトリック教会かは、装飾のあるなしで分かれるのです。

カトリックはアート推し、プロテスタントはデザイン推しです。

カトリックは、プロテスタントの対抗勢力として絵画推しになりました。

プロテスタントは、聖書が読めない人に伝えるために、カトリックに対抗して音楽推しになりました。

それでバッハのバロック音楽が出てくるのです。

歴史は「そう来たら、こう来る」というカウンターで動いているのです。

歴史を人生に活かす 06

教科書に書かれていない原因を学ぼう。

07

宗教改革より、反宗教改革が面白い。

宗教改革時、カトリック側のイグナチオ・デ・ロヨラとフランシスコ・ザビエルはパリ大学で神学を勉強していました。

2人は寮も一緒で、「ここのところプロテスタントが人気でカトリックに風当たりが強いよね。なんとかしなくちゃいけない」という話になりました、

イグナチオ・デ・ロヨラは、デが入っているくらいですから、いい家柄のボンボンです。

しかも、宗教家ではなく、軍人です。

軍人は、いいところの出でないと出世できないのです。

フランシスコ・ザビエルは家が貧乏でした。

家柄がなくても出世できるのはお坊さんしかないから、お坊さんになったのです。

カトリックは、融通のきく組織になっていました。

それをもっときちんとやろうと言い出したのが、プロテスタントです。

カトリックから見ると、プロテスタントには、まじめな人が多いのです。

プロテスタントのお坊さんは奥さんをめとってもいいので、何となくプロテスタントの方が緩いというイメージがあります。

実際はプロテスタントの方が厳しくて、カトリックの方がいろいろ緩いのです。

理想を掲げるプロテスタントに対して、カトリックの男子修道会であるイエズス会は現場主義です。

関数を発明したデカルトは、子どもの時にイエズス会で勉強していました。

イエズス会はヨーロッパに見切りをつけて、海外に進出し、アジアにも来ています。

海外にカトリックが多いのは、そのためです。

私の中では、堺にサビエルも来ているので、気持ちとしてイエズス会に肩入れしたくなります。

子どもの時にイエズス会のミッションスクールで英語を習っていたので、応援したくなるのです。

イグナチオ・デ・ロヨラは、軍人で、なおかつモテモテです。

頭でっかちではモテません。

現場主義は融通がききます。

融通がきくことの大切さがあるのです。

反宗教改革は学校で習いませんが、学校で習う宗教改革と同時に起こっています。

反宗教改革が負けたままで終わっているわけではないのです。

歴史を人生に活かす 07

国内市場に、こだわらない。

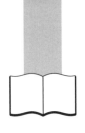

08

鉄砲伝来は、計画されたハプニングだった。

歴史は、「ホントかな」と考えることが楽しいです。
「たまたまこうだった」という話は、大体バックで代理店が動いているという意識でいた方が面白いのです。

僕自身が代理店にいた職業病です。

学校では、ポルトガル人がたまたま種子島《たねがしま》に漂着して日本に鉄砲が伝わったと教わります。

怪しいムードにワクワクします。

船の持ち主は中国人で、朝鮮半島をベースに置く倭寇《わこう》が漂流のフリをして入ってきたのです。

倭寇は、商人兼海賊です。

海賊と商人は同じ人たちです。

商売が決裂したところから海賊になるのです。

鉄砲を売りたいポルトガル人が、倭寇に頼んで、種子島の領主は若いから話がわかるということを聞きつけて、たどり着いたのです。

当時、種子島時堯《ときたか》は16歳です。

時堯は鉄砲を実演してみて、「2丁購入したい」と言いました。

今のお金で、1丁＝1億円です。

即断で2丁というところが凄いのです。

1丁は美濃の関から種子島に来ていた鍛冶屋八板金兵衛《やいたきんべえ》に持っていって、「これと同じものをつくれ」と指示しました。

鍛冶屋は引き受けたものの、当時の日本にはネジの技術がありません。

鉄砲は撃つ時に圧がかかります。

後ろから弾と火薬を込めた後にネジでとめないと、後ろが開いて弾が飛ばないのです。

技術的には、なんとか雄ネジは切れましたが、雌ネジが切れません。

結局、鍛冶屋の娘の若狭ちゃんがポルトガル人と結婚して習ったという形になるのです。

普通ならここで話は終わりですが、それが日本中に広まっていったのです。

まず、種子島の人が外国人と平気でやりとりしているのが謎なのです。

それは昨日や今日の話ではないからです。

種子島は、大昔から沖縄から島伝いに大陸人が入っていました。

中国経由で海外貿易をした過去の経緯があるから、外国人慣れしているのです。

種子島出身のミスパリ社長・下村朱美さんによると、種子島の人は、みんな華道ができます。

外国人が来た時におもてなしできるように、お華を習っていたのです。

慣れていない人は、海から知らない人が来たら警戒します。

それをなんの警戒もなく受け入れたのです。

歴史を人生に活かす

08

「たまたまの裏」を、想像しよう。

09

鉄砲を広めたのは、職人魂だ。

種子島には根来衆《ねごろ》の津田監物《けんもつ》が偶然いました。

根来衆は紀州のお坊さん集団で、種子島にいたのです。

津田監物が鉄砲を1丁持って帰りました。

これも面白い話です。

なんで根来衆がたまたま種子島にいたのかです。

根来衆は、今で言えば「根来商事」です。

黒潮を利用して貿易をしていたのです。

紀伊半島はリアス式の複雑な海岸なので、船の扱いがうまいのです。

ついこの前まで最大の幹線道路は黒潮です。

源義経の右腕の弁慶も、根来衆です。

瀬戸内海の合戦における源氏の船は、根来衆の船です。

そういうつながりがあるのです。

船を使って貿易をしていたので、小さな大名でありながら、はるかに大きい大名の扱いになっているのです。

津田が根来に鉄砲を持って帰ると、たまたまそこに堺の刀鍛冶、橘屋《たちばなや》又三郎がいました。

たまたますぎます。

橘屋がそれを堺に持っていき、刀鍛冶の技術を利用して鉄砲をつくったのです。

それから10年後、日本は世界最大の銃保有国になりました。

日本は海外のものを国産化することに関しては、とんでもない技術があるのです。

正倉院《しょうそう》には9000点の宝物があります。

学校では、ペルシャから遠く唐を経て日本へ入ってきた舶来だと習いました。

実際は舶来は1割で、9割はその舶来を見てつくった日本製です。

歴史には、職人が絡んでいます。

「これができないか」と言われたら、「なんとかやってみます」と言うのが職人です。

「なんとかする」という職人魂が歴史を動かしているのです。

歴史を人生に活かす

09

「なんとかする」職人魂を持とう。

10

出島には、役人と遊女が出入りできた。島原遊女は、オランダ人と貿易をしていた。

「鎖国時代は出島《でじま》のみが海外と接していて、つきあいは清とオランダに限られていた」と学校で教わりました。

これも今は否定されています。

出島に入れたのは、幕府のお役人と島原の遊女です。

面白いのは、その遊女が窓口になって幕末にオランダと貿易をしていたということです。

ただおもてなし行為をしていたのではなく、企業経営で貿易会社をつくっていたのです。

ここに、しぶとさを感じます。

歴史は、タテマエとホンネのダブルスタンダードです。

船来品を欲しい幕府側もいれば、倒幕側もいるのです。

貿易にはどうしても武器が絡んできます。

幕府も諸藩も財政難で苦しんでいました。

武器を仕入れて高く売りたいのです。

公にできない公認事項として、密貿易は連綿と続いてきました。

海を閉じることはできません。

海に接しているということは、外国と隣り合わせという感覚なのです。

歴史を人生に活かす 10

しぶとく、ビジネスチャンスを見つけよう。

11

旅先では、その土地の歴史を調べる。

旅行を一番楽しむ方法は、その土地の歴史を調べることです。

ついグルメ情報を調べてしまいがちです。

ネットでもグルメ情報が一番最初に出てきます。

その土地のおいしいグルメは東京でも食べることができるものばかりです。

都会から来たお客様をグルメのお店に案内したら、「それ東京にもあるけど」と思われるのです。

どんな土地にも、歴史と文化があります。

それは地元の人しか知らないことです。

旅行者は、そこに興味を持つのです。

旅行者を案内していると、自分自身も「近くにこんなものがあったんだ」と、再発見できます。

旅行者が神社に驚いているのを見て、「自分は子どもの時から来ている神社だけど、よそから来た人には写真を撮るほど高ぶるものなんだ」とわかるのです。

住んでいる人は意外と気づかないということがあります。

外から評価されることで、自分の住む土地を意識するようになるのです。

歴史を人生に活かす 11

情報に詳しいより、歴史に詳しくなろう。

12

「気になること」を調べることで、また「気になること」に出会える。

歴史を楽しむ時は、何か1つでいいから気になることを調べてみることです。
そうすることで、「気になるセンサー」がとんがってきます。

学校の勉強で歴史嫌いになるのは、覚えることを強制されるからです。

「気になる」の反対は、「覚える」です。

「覚えよう」と思った瞬間に、「気になるセンサー」は休みになります。
覚えなくていいとなると、「気になるセンサー」に特化できるのです。

今は、情報がたくさん手に入る時代です。
昔に比べて、調べものは格段にしやすくなりました。
「気になることを調べた後はどうすればいいですか」ということは、考えなくていいのです。

気になることを調べていると、その中でまた気になることが出てきます。

歴史は、芋づる式です。

「そんなことをしていたら、忙しい中、時間がなくなりませんか」と聞かれます。

その通りです。

時間はなくなります。

時間のことなど忘れてしまうのが、勉強です。

時間を気にしているうちは、勉強とは言いません。

それは受験勉強です。

受験勉強なら試験日が決まっています。

時間がないのにしてしまうのが、大人の勉強です。

気になることを調べていたら、また気になることが出てきます。

枝葉のさらに枝葉のところへどんどん入っていくのが面白いのです。

いったん気になる世界へ入ったら、後はエンジンをかけて頑張る必要は何もありません。

ただ気になることに引っ張られていくだけです。

常日ごろから「気になるセンサー」を磨いておくことです。

気になって調べていくと、いつの間にか覚えているのです。

覚えるための一番いい方法は、人に話すことです。

私が歴史を話す時は、「これをどう説明したらみんなにわかりやすいだろう」ということを常に考えています。

人に話しながら、どんどん頭に入ってくるのです。

歴史を人生に活かす 12 「気になる」センサーを磨こう。

13

問題の解決策は、歴史の中にある。

仕事をしていると、いろんな問題が起こります。

生きているだけで、人生で乗り越えなければいけない問題に毎日ぶつかるのです。

問題の解決策は、歴史の中にあります。

行き詰まったら歴史の中を探せばいいのです。

明日までに企画を考えなければいけない時も、歴史を勉強していると、その中にアイデアはたくさんあります。

広告やイベントも、ほぼ歴史の中で誰かがしています。

歴史を勉強すると、今していないことが見つかるのです。

人間は同じ壁にぶつかります。

今ぶつかっている壁は、歴史上の先人もぶつかっています。

これが歴史を振り返ることの大切さです。

歴史の中で自分のかわりにしくじってくれている先人がいるから、自分はリスクを避けることができるのです。

唐は世界に冠たる大帝国でした。

学校では遣隋使と遣唐使をセットで習うので、なんとなく隋と唐は同じぐらいの規模に感じてしまいます。

隋は40年しかないのに対して、唐は300年近く続いています。

ヨーロッパがド田舎だった時代に、唐は世界のトップでした。

唐がトップに立てたのは、隋がなぜ40年で滅んだかを徹底研究したからなのです。

その唐を研究したのが、家康なのです。

歴史を人生に活かす 13

行き詰まったら、歴史を探そう。

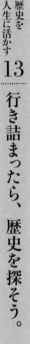

14

政治10年、経済100年、文化1000年の単位で動く。

歴史には、政治、経済、文化の3ジャンルがあります。
政治10年、経済100年、文化1000年がユニットの単位です。
政治家がコロコロ変わるのは当たり前です。
単位が、たかだか10年だからです。
それに対して、経済は100年、文化は1000年もつのです。
経済的なシステムとかビジネスモデルをつくり上げたら、100年もちます。
それを精神的な文化モデルにしたら、1000年もつのです。
価値基準は、文化が上にあるのです。
政治が10年で終わるのは、「政治は文化より上にある」という思い込みのせいです。

これは勘違いです。

政治から文化を理解することはできません。

「文化はオマケ」というのが、政治と経済の考え方です。

経済的合理性のないものは理解できないのです。

私のところにも、「歴史の勉強をすると成功する」とか「美術の勉強をすると金運が上がる」とかいうテーマの依頼が来ます。


メリット発想は、すでに経済です。

文化の発想は、「いかに役に立たないか」ということです。

役に立たないことが面白いのです。


「歴史の勉強をしたら、なんの役に立ちますか」と言いますが、なんの役にも立ちません。

その覚悟を持つことです。

歴史の勉強をすると試験に通るとか、そういうことではないのです。

私の予備校時代の同級生で、医学部志望で歴史好きな男がいました。

共通一次の歴史の試験も98点です。
2点のマイナスは、歴史を知りすぎて厳密すぎたからです。
実際は正しいのに、大学受験レベルではそこまで求められていないのです。
副教材の資料集に『魏志倭人伝《ぎしわじんでん》』が載っています。
資料集は参考にするだけでいいのに、『魏志倭人伝』を丸暗記していました。
それで医学部志望とは面白いです。
「歴史で満点を取るぐらいなら、その間に数学を勉強したらいいのに」という話です。
彼は役に立たないことを勉強するのが楽しかったのです。

歴史を人生に活かす 14

役に立たないことをしよう。

15

天皇制は、政治体制ではなく、文化保存だ。

太平洋戦争で日本が負けた時に、ＧＨＱは天皇を戦犯にしようとしました。
アメリカ人は日本の文化がわかっていなかったのです。
天皇制は政治思想ではなく、文化保存システムです。
天皇は、文化を継承している人です。
昔ながらの文化を世襲でずっと持ち続けているのです。
世界で２０００年以上続いている元首がいるのは日本だけです。
外国は元首がどんどん入れかわっています。
天皇制が続いているのは、天皇が文化の保持者だからです。
歴史から学ぶことは、見えない大きな流れです。

政治と経済は見えます。
文化は見えません。
見えないということは、見えない役に立つということです。
だからこそ強いのです。

歴史を人生に活かす 15

歴史から、「見えない大きな流れ」を見抜こう。

16

雪舟は ドロップアウトでチャンスをつかんだ。

新しいものは、周辺から生まれます。


雪舟がいた時代、専業画家は存在しませんでした。

お坊さんで水墨画を描く担当がいただけです。

雪舟も絵が好きで、最初は水墨画担当でした。

ところが、個性が強すぎ当時の京都の伝統的な絵からはみ出していたので、「おまえは才能がない」と言われて、朝廷の接待係に左遷されたのです。

言わばドロップアウトです。

仕方ないので、お公家の接待係をさせられていました。

当時は朝廷の力が弱まって、地方の守護大名が力を持ち始めていた時代です。

そんな中で、雪舟は山口の大内氏に呼ばれました。

大内氏は足利の次の将軍を狙っていました。

朝廷の接待をしていた雪舟には朝廷の公家に人脈がたくさんあったので、それを買われたのです。

山口に行くと、今度は中国を調べてきてくれと言われて、中国へ行く一行の随行員として加わりました。

当時はカメラマンがいないので、雪舟は絵をたくさん描いて残しました。

それで現地の水墨画を覚えて帰ってきたのです。

個人の作品が国宝になった数の多さで1位は雪舟です。

歴史はドロップアウトした人が動かすのです。

歴史を人生に活かす 16
ドロップアウトを、チャンスにしよう。

17

運慶は、傍系でチャンスをつかんだ。

運慶は奈良を中心とした慶派の仏師です。
当時、京都の主流は院派と円派でした。
貴族が好むのは「定朝様」という理想的スタイルです。
奈良のリアルなタッチは、京都の感覚では少し生々しすぎるのです。
源平争乱の時代に、平氏は夜襲をかけるために町を燃やしました。
それが飛び火して、奈良の興福寺と東大寺の仏像が焼けてしまいました。
それで仏像が急に必要になって、もともと東大寺にいた運慶に発注が来たのです。
そのころ、関東で源頼朝が立ち上がりました。
源頼朝が賢かったのは、京都に来なかったことです。

源義仲が京都に行った時は、田舎者と、さんざんバカにされました。

マナーが違うからです。

京都のルールを知らない乱暴者として悪人扱いされたのです。

源頼朝は、京都でアウェーになるよりも、鎌倉に残りました。

鎌倉にもお寺をつくろうということで、あぶれていた運慶に発注が来たのです。

しかも、「先生、ひとつみんながバーンと元気が出るやつをお願いします」という発注の仕方です。

平安時代は約束ごとがたくさんありました。

制限が厳しくて、自分たちのクリエーティビティーを出せる余地はまったくありません。

「これはこうつくれ」「ここを直せ」「あそこが昔と違う」と、やいのやいの言われます。

それに対して、鎌倉は「先生の好きなように」と言ってくれるので、バリバリできるのです。

鎌倉は、中国から海流に乗って船がダイレクトに入ってきます。

頼朝が鎌倉を選んだ理由がそれです。
南宋で流行っていた最新の仏像も入ってきます。
運慶は、そこでチャンスをつかんで日本の彫刻師の頂点をきわめたのです。

歴史を人生に活かす 17

傍系でチャンスをつかもう。

18

コペルニクスは、左遷でチャンスをつかんだ。

「コペルニクス的転回」という言葉は、コペルニクスの地動説から来ています。

当時、キリスト教では地動説はNGでした。

宇宙は神がつくったとされています。

自分たちがいるところが回っているとなると、つじつまが合わなくなるのです。

その時、コペルニクスはポーランドに左遷されていました。

ポーランドはローマから距離が離れています。

ローマに近いところにいたら、地動説を唱えることなどできませんでした。

ローマは、京都と同じで、してはいけないことだらけでガチガチだったからです。

会社組織でいうと、新しいものは本社ではなく地方支社から起こります。

トップ企業ではなく、小さい企業から新しいものが生まれるのです。

歴史を人生に活かす 18

左遷で、チャンスをつかもう。

19

悪役は、悪ではない。敗者が悪にさせられただけだ。

歴史を習っていると、必ず悪玉と善玉が出てきます。
実際は、悪玉も善玉もいません。
後から出てきた人が、その人を「悪玉」と呼んだだけです。
明智光秀は「謀反を起こした人」というイメージがあります。
かわいそうなことに、なんとなく悪玉のキャラにされているのです。
今日の戦国武将のキャラができたのは元禄時代です。
江戸の浄瑠璃、歌舞伎のお話の中でキャラがつくられていきました。
それを踏襲して、今日の大河ドラマに続いているのです。
17世紀は、秀吉の話はご法度でした。

家康の敵だったからです。

それから100年たって、大阪に富裕な町人が出てきた時に、上方の文楽の世界で「やっぱり秀吉はんはよかったよね」という空気になってきました。

100年ぐらいたつとリバイバルブームが起こって、秀吉が善玉に描かれたのです。

関西人は、秀吉の「陽」の部分が好きです。

まじめな「陰」は嫌われやすいのです。

秀吉が「陽」、光秀が「陰」、信長が「陽」という玉突き現象が起こって、光秀は主君に逆らった悪側に描かれてしまったのです。

それはただ敗者が悪になっているだけです。

江戸初期は、秀吉が悪でした。

すべての歴史書は、前の時代の人を悪にするという形になるのです。

一般庶民はエンターテインメントに影響を受けがちです。

戦争映画では、海軍がいい側で、陸軍が悪側になることが多いのです。

うちの母親も「あんたが兵隊さんになる時は海軍にしてね。海軍は白い服を着てカッコいいから」と言っていました。

海軍は資料がたくさん残っています。

実質は、イジメが多かったのは海軍の方です。

陸軍で上官が部下をいじめると、いざ戦闘になった時に、敵を撃つふりをして後ろから撃たれます。

だから嫌われてはいけないのです。

海軍はそれがありません。

しかも、船室が細かく分かれていて、密室のイジメがしやすい構造です。

善と悪を決めつけない方が楽しいのです。

歴史を人生に活かす 19
善悪を、分けない。

20

秋田美人が多いのは、渤海と貿易をしていたから。

「秋田美人」と言いますが、日焼けしていなくて肌が白いという理由なら、青森も同じです。

秋田に美人が多いのは、海流が関係しています。

日本海の海流は、大陸から渡ってくると、秋田の男鹿《おが》半島にたどり着きます。

秋田は奈良末期から平安時代にかけて渤海《ぼっかい》と貿易をしていました。

水銀がとれない渤海に水銀を売っていたのです。

渤海の人が使ったとされるきちんとしたトイレが今現在も残っています。

渤海人はロシア人です。

秋田人のＤＮＡの中に、ロシアのＤＮＡが入っているのです。

「なまはげ」もロシア人だと言われています。
言われてみると、そんな感じもします。
「なまはげ」は、サンタクロースの習慣に近いのです。
佐渡にも、「なまはげ」のようなものがあります。
大陸から日本海を越えて渡ってきた人たちは、けっこういたのです。
ロシア人によく出る病気が秋田だけに出るというのも、ＤＮＡの影響です。
ロシア人の血が少し入っているから美人になるのです。
「それは佐々木希ちゃんも出てくるよね」と納得です。
桓武《かんむ》天皇の時代、坂上田村麻呂は最初の征夷大将軍《せいいたいしょうぐん》です。
その城をつくったのも秋田です。
秋田に城をつくるということは、そこに守りたい何かがあるからです。
江戸時代の北まわり航路と西まわり航路のスタートが男鹿半島です。
そこからグルっとまわって大阪の港に入るという形です。
大阪の前は堺に入っていました。

秋田には、海上ルートのスタートラインがあったのです。

鎖国といっても、日本各地に異文化と接している地域がありました。そういう地域は多様性に対して寛大です。

外国人を見ても驚かないのです。

450年前、堺には外国人がゾロゾロいて、今の六本木状態でした。

TVのない時代なので、外国人に対する予備知識は何もありません。

そんな中で、首にヒラヒラをつけた人たちが来るのです。

来る方も凄いですが、それを受け入れている側も凄いのです。

フランシスコ・ザビエルはインドと中国を経由して日本に来ました。

ザビエルの報告書には「日本人は面白い。好奇心が強くて、ほかの地域は逃げていくのに、寄ってきて人だかりができる」と書いてあります。

今日の大阪の状況と同じです。

ヘンな人がいたら、「何、何、何?」と寄ってくるという気質です。

フランシスコ・ザビエルが西日本から入って堺に来たのは正解でした。

堺は、立て看板を見ているだけで「歴史お好きですか」と話しかけてくるような土地柄なのです。

歴史を人生に活かす 20

異文化と接しよう。

21

空海が、留学していきなりヒヤリングができたのは、渡来人が入り込んでいたから。

空海は、歴史上のスーパースターです。

空海の実家は香川県で、伯父さんは天皇の家庭教師をしていました。

その関係で、本来は都に出られるランクの貴族ではないのに都に出ることができたのです。

空海は、ここでチャンスをつかんでいます。

最澄は、超エリートです。

空海はそこまでのエリートではありません。

ランクの高い最澄は遣唐使の国費留学で、空海は自費留学です。

ここにランクの差があるのです。

空海は中国に渡って、中国の密教のトップに「あなたが来るのをお待ちしておりました」と後継者に選ばれました。

フランス人の弟子に老舗の寿司屋をつがせる感覚です。

なぜそんなことになったのかです。

最澄は日本で勉強していたので、中国語の読み書きができます。

当時としては当たり前ですが、スピーキングとヒアリングができないのです。

一方、空海はバリバリできたのです。

空海の人生の中には、放浪している空白期間があります。

その間、山奥にこもっていました。

山奥に大陸人が大勢入り込んでいて、その人たちと知り合って言葉を教わったのです。

自費留学のお金は、水銀を採掘して渤海と貿易することで調達しました。

全国どこへ行っても、温泉地には「空海の湯」というのがあります。

箔をつけるために言っているのかと思ったら、本当に空海が見つけたのです。

空海は中国人から鉱山開発を教わっています。

鉱山開発の結果として温泉に当たるのです。

仏像を加工するためには水銀が要ります。

水銀は当時のレアメタルなので、高価です。

それで稼いだお金で中国に事前に根まわしをしたり、書いたものを送ったりしました。


なおかつ、スピーキングもヒアリングもバリバリにできます。

そういうところから入って、いきなりトップになっていくのです。

こんな話を聞くと、「空海は凄い」と感動します。

お坊さんというと、少し辛気臭いイメージがありますが、そんなことはまったくないのです。

日本にはインバウンドでいろいろな国の人たちが来ています。

その人たちから言葉や文化を習わない手はありません。

わざわざその国に留学しなくても、習えることはたくさんあります。

それが今に生かせる空海の教訓なのです。

歴史を人生に活かす 21

社内の外国人から、学ぼう。

22

薩摩が強かったのは、武士が多く、教育が行き届いていたから。

薩長土肥は、徳川幕府を倒しました。
薩摩が強かったのはなぜか。
薩摩の人は「男気がある」というイメージですが、それだけではありません。
薩摩が強いのは、それなりの理由があるのです。
薩摩は、関ヶ原で負けた側です。
薩摩の人たちは負けたつもりがないのです。
敵に背を向けたら負けです。
島津の軍は敵陣の真ん中を突っ切って、「薩摩へ帰るぞ」と言って帰ってきました。
帰ってきただけで負けたわけではないと信じているのです。

徳川時代300藩のうち、武士の報酬や年貢の徴収の単位となる石高の1位は加賀百万石です。

2位はあまり知られていませんが、島津の77万石です。

実は、これはイジメです。

薩摩はシラス台地でお米がとれにくいので、実際獲れるのは約半分の36万石なのです。

財政的に厳しいので、それを埋めるために琉球との密貿易をしていました。

江戸時代の総人口に占める武士の比率は平均5%の中です。

平均なので、もっと少ないところもあります。

そんな中で、**薩摩の武士の比率は30%です。**

公務員と同じで武士は給料がかかるので、武士が多いと藩の財政を圧迫します。

農民や町民は給料を払わなくていいから、お金はかかりません。

財政が厳しいなら、武士をリストラすればいいのです。

薩摩は、武士をリストラしないで残すという形をとりました。

そのかわり、給料を安くして、武士に田んぼ仕事をさせたのです。

武士と一般庶民の違いは、義務教育があるかないかです。

武士は学校に行きます。

一般庶民は寺子屋です。

武士の学校の方が、はるかにレベルが高いのです。

薩摩は徳川家とは教育の仕方が違いました。

江戸時代の国教は儒教です。

先生と一緒に音読して、それを暗記するというやり方です。

幕府の秩序を保つための人たちには、それが合っていました。

東大と京大のようなものです。

薩摩は、その影響がまったくありませんでした。

大河ドラマ『西郷《せご》どん』でリアルだなと思ったのは、いつもみんなで輪になって議論しているところです。

上下関係の厳しい江戸には議論の習慣がないのです。

薩摩の教え方は、議論主義です。

それは江戸から離れているからできたのです。

幕末はプレゼンの時代、議論の時代です。

だから幕末に薩摩が強くなったのです。

幕末は決まりごとではないことが起こっています。

決まりごとだけを教えられて、議論を否定されてきた徳川幕府は対応できないのです。

アメリカの大学で一番大切な授業は、ディスカッションです。

薩摩は、今の外国の授業のようなことをしていたから柔軟なことができるようになったのです。

土佐藩の坂本龍馬も議論に強いのです。

幕末は、剣がたつだけではなく、議論に強い人が求められたのです。

歴史を人生に活かす 22

暗記主義はやめよう。

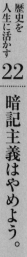

23

応仁の乱のおかげで、京都の文化が全国に広がった。

京都で「この間の戦争」というと、応仁の乱のことです。

大河ドラマ『麒麟がくる』で、うまく描写したシーンがあります。

主人公の明智十兵衛が鉄砲の調査のために堺に行きます。

堺は国際都市になっていました。

その帰り道、お医者さんを探しに京都へ寄ったら、京都が焼け野原になっていたのです。

それは京都の町なかで近所同士の戦争が起こったからです。

近所同士のケンカが一番激しくなるのです。

京都は町中みんな親戚です。

戦争の悲惨さは長引くことです。

長引いているうちに、「なんのためにしているのか」がわからなくなります。

「向こうが先に攻めてきたから」と言いますが、相手も「向こうが先に攻めてきた」と言うのです。

これが戦争が終わらない原因です。

最終的には燃やし合いになります。

木造家屋なので、どんどん燃えて、荒れたままになるのです。

応仁の乱は細川勝元と山名宗全の戦いです。

足利義政には子どもができなかったので、弟を次の将軍にすると約束しました。

ところが、その後に子どもが生まれました。

義政の正室だった日野富子は、自分の息子を将軍にしたいと願いました。

義政の弟と息子の権力争いに細川勝元と山名宗全が絡んでいったのです。

——学校ではそういうふうに習いました。

細川勝元と山名宗全は力をつけてきた御家人です。

実際は、弟・義視も息子・義尚も細川勝元についているのです。

教科書とは違います。

では、細川勝元と山名宗全はなぜ戦っているのでしょうか。

新興の御家人の中にも、昔からのベンチャーと新しいベンチャーがいます。

「新しいベンチャー」と「昔からのベンチャー」の戦いが応仁の乱だったのです。

途中で相手の仲間割れを誘うために、「こっちにつかないか」と、新しいベンチャーが子・義尚を引っ張ってきたのです。

京都のお公家や武士は、親戚や兄弟が多いのです。

兄弟間でどんどん分かれて、話がこじれて、終わり方がわからないという状態です。

最終的にどちらが勝ったかわからないまま、グズグズの終わり方になったのです。

京都が焼け野原になったので、京都にいた公家、職人、町人は安全な堺へ行きました。

一種の疎開です。

だから堺に京都と同じ名前のお寺がたくさんあるのです。

当時のネットワークは宗派のつながりです。

堺でも反京都主流の法華宗でつながりました。

堺だけではなく、全国に小京都があります。

すべて疎開先です。

応仁の乱の後、それぞれの場所で今までの自分たちの暮らしをキープするために同じような建物を建てました。

そのおかげで、京都っぽいところが全国に広がったのです。

歴史を人生に活かす 23

焼け野原になったら、新天地を目指そう。

24

よくない出来事にも、プラスの側面がある。

応仁の乱のおかげで、京都と地方の文化格差は急激に縮まりました。

ＴＶが全国ネットになったことで、秋田に行っても普通に言葉が通じるようになったのと同じです。

よくない出来事が起こっても、その影響はプラスとマイナスの両方あるのです。

マイナスの議論にも、プラスの側面があります。

そこを拾っていくことが大切です。

西陣織の西陣は山名宗全の陣地があったところです。

西陣と東側の細川勝元の陣は、ありえないぐらい近いのです。

「もっと離せ」と言いたくなるぐらいです。

西陣にいた人たちも堺に避難しました。

この時は、まだ織物はつくっていません。

堺は貿易をしているから、海外の織物がたくさん入ってきます。

それを見て覚えて、応仁の乱がおさまった後に帰ってつくったのが西陣織です。

江戸時代になって平和になると、織物は全国に広がりました。

西陣織が競合に勝てるのは、京都には天皇がいるので「天皇家御用達」というブランドがつくからです。

お公家も、みんなそれに乗っかります。

「天皇も〇〇家の方も皆さんお客様でございます」ということで、西陣織のブランド力が上がるのです。

明治になって東京へ天皇が移転すると、一気にお客様がいなくなりました。

ところが、やっぱりしぶといのです。

フランスからジャガード織を仕入れて、パンチシステムで自動的に織糸を変えるイノベーションで価格を4分の1に落とすことに成功しました。

それを新興富裕層に売ることで明治を乗り切ったのです。

歴史を人生に活かす 24
プラスの側面を見つけて、壁を越えよう。

25

お寺は、「大学」兼「研究所」。僧侶は、「外交官」兼「軍師」兼「科学者」だった。

お寺は「拝むところ」「宗教的な場所」というイメージがあります。
これは感覚が違います。
お寺は「大学」兼「研究所」です。
たとえば、最初に日本酒をつくったのは興福寺です。
お米を発酵するノウハウは中国から仕入れています。
お酒をお寺がつくっているというのも、なかなか面白いです。
お寺は、あらゆる技術を持っていたのです。
戦国時代のドラマで、籠城《ろうじょう》しているところへ和睦《わぼく》の交渉にお坊さんが行きます。
まさかお坊さんを斬ることはないからという理由かと思ったら、違うのです。

お坊さんは、軍師です。

お坊さんは、中国の兵法書を読めるのです。

僧兵が強いのは、戦い方の作戦を知っているからです。

ラグビーで言うと、ヘッドコーチのようなものです。

交渉の仕方や、次はこのフォーメーションで行くという戦略が武士より詳しいのです。

それぞれの将軍に、お坊さんがついています。

徳川家康も武田信玄も今川義元も、子どもの時に家庭教師のお坊さんから中国の書籍や最新の技術、軍事的なことを教わったのです。

一休さんも禅宗のお坊さんで、軍師です。

マンガの影響で一休さんは子どものイメージがありますが、いつまでも子どもではありません。

80歳まで生きて、30歳年下の奥さんもいます。

一休さんは空海並みの天才です。

外国の言葉ができて、いろんなことがわかっています。交渉担当として、国内では戦争後の和睦の係、中国に行けば外交官です。当時、外交官という職種はありませんでした。外国に行く船には、必ずお坊さんが乗っていたのです。

歴史を人生に活かす 25

教養を、武器にしよう。

26

宣教師は、課報活動と布教活動をしていた。

宣教師の目的は、1つは布教活動、もう1つは諜報活動です。

戦国時代の各藩は、自分のところの大名を主人公にした記録を残しています。

当然、「盛り」があります。

「盛り」がないのが宣教師の報告です。

ルイス・フロイスとかフランシスコ・ザビエルの報告書や手紙は、描写がムチャクチャ客観的です。

歴史の研究には、宣教師の報告書が一番信憑性があると言われています。

南蛮船で来る時は、宣教師と商人がワンセットです。

お坊さんは、最新情報と、「人間はいかに生きるべきか」という教養の2つをワンセットで持っています。

情報化社会は、つい情報に偏りがちです。

情報化社会であればあるほど、情報では勝負がつかなくなります。

情報プラス教養を身につけることで勝てるのです。

教養の中でも歴史は大切な要素です。

地方で、都会から来た人に最近できたオシャレなお店を案内しても、あまり喜ばれません。

「東京では1周遅れなんだけどな」と思われます。

それよりも、その土地に昔からある場所を案内した方がいいのです。

一流の人であればあるほど、そういうものを喜ぶのです。

歴史を人生に活かす 26
情報と教養を、両立させよう。

27

キリスト教が公認されて1000年間、ヨーロッパがとまっている間に、イスラムが進化した。

キリスト教も、最初は迫害された新興宗教でした。

4世紀に公認になって、そこから1000年間、ヨーロッパはキリスト教の時代です。

この間に科学は衰退します。

天候不順による民族大移動で、ヨーロッパが科学どころの騒ぎではなくなったのです。

ギリシャとローマが持っていた科学技術は、すべてイスラムに行ったのです。

イスラムの人は、超勉強好きで、超本好きです。

何せ砂漠なので、ほかにすることがないのです。

一番のお土産は、土産話です。

だから口誦《こうしょう》の『千夜一夜物語』が生まれるのです。

イスラムの人が本好きというのは、意外に知られていません。

実際は、ギリシャの本、キリスト教の本、仏教の本まで翻訳しているのです。

イスラムの人の好きなものを3つ挙げると、「女性」、「馬の背」、「本」です。

それぐらい本が好きなのです。

科学技術が発達したのも当然です。

今日の科学用語は、大体「アル」がついています。

「アルコール」「アルジェブラ」「アルカリ」もイスラムから来た言葉です。

紀元1000年ごろ、失われた領地を奪回するために十字軍がヨーロッパからイスラムにやって来ました。

戦争は結局、技術力の勝負です。

科学技術の発達したイスラムにヨーロッパが勝てっこありません。

そもそも兵器が違います。

根性だけでは勝てないのです。

十字軍は、200年ぐらいかけて何度も来ています。

最初はヤル気満々でしたが、途中で「これはレベルが違う」と気づきました。

そこからは若干、旅行気分が入り始めます。

ちょっと南方に旅行して土産物を買ってくるという感覚です。

最初から「大海に出られるだけでいい」という気分です。

そこでイスラムから持ち帰った本が刺激になって、ルネサンスが起こるのです。

ヨーロッパ側からすると、十字軍は失敗でした。

でも、そのおかげでルネサンスのキッカケが生まれました。

ギリシャとローマの知恵が失われなかったのは、イスラムが勉強好きで、保存してくれたからなのです。

歴史を人生に活かす 27

イスラムの勉強好きに学ぼう。

28

武力で支配すると、短命になる。文化で支配すると、長期政権になる。

軍事力や政治力で支配できるのは、ごく短期間です。

文化で支配を進めると、長期政権になります。

日本は遣唐使を20年に1回送っていました。

その時に唐に貢物《みつぎもの》を持っていきます。

対等外交どころではありません。

唐からすると、日本は属国の属国、子会社の子会社のような扱いです。

唐は、遠いところから来たということで、お土産をくれました。

そのお土産が貢物よりはるかにレベルが高いのです。

これが朝貢外交と呼べるのかと思うぐらいです。

高価なお土産をもらうことで反抗心がなくなります。

「ここには勝てない」とわかるからです。


唐が文化に力を入れたのは、文化が軍事力のかわりになるからです。

「こんな凄いものをつくる国と戦っても絶対ムリ」ということを相手に思い知らせるのです。


戦争すると国は疲弊します。

大国であればあるほど周辺国が多くなります。

それらの国といちいち戦っていると、人も死ぬし、お金がいくらあっても足りません。

そこは節約したいのです。

そのために文化を鍛えたのです。

豪華な土産物を与えたり、大きい宮殿をつくることで、敵を軍事力ではなく文化力でビビらせるという形です。

それが一番コストパフォーマンスのいいやり方なのです。

文化戦略を中国から学んだのが、足利義満です。

さらには、信長・秀吉・家康と、文化戦略を推進した大名が上にたっていくのです。

歴史を人生に活かす

28

技術力より、文化力を鍛えよう。

29

信長の特技は、①文化力、②経済力、③政治力の順だった。

歴史にそれほど興味のない人でも、信長は好きです。

信長というと、「長篠《ながしの》の合戦で鉄砲を3段に分けて撃つ」というイメージに偏りがちです。

確かにそういうこともできましたが、信長の一番の特技は文化力、二番が経済力、三番が政治とか軍事力です。

信長が美濃で最初に手に入れたのは美濃和紙です。

当時はネットではなく、手紙の時代です。

各戦国大名のところへ、和睦をしたり同盟を結ぶための文書を送ります。

信長は、その文書を当時最高級の美濃和紙で送ったのです。

紙の質を見て、相手は「これはとんでもない国に違いない」と判断します。

そこでしか判断できないのです。

朝廷とのやりとりも、最高級の紙で文書を送ります。

今でも京都の人に安っぽい便箋で送ると鼻であしらわれます。

名刺は専用のいい紙を使っているか、封筒はいい紙を使っているか、そこを見られるのです。

信長は、領地を与えるかわりに茶器を与えるというシステムをつくり上げました。

領地は限界が来るとわかっていたからです。

政治で出世といっても、ポストが足りません。

秀吉の朝鮮出兵も、唐や天竺《てんじく》を取ると言わざるをえなかったからです。

信長は全国統一すら考えていなかったと今は言われています。

「天下布武」の「天下」は近畿のことです。

しかも、自分が天皇のかわりになるわけではありません。

天皇の補佐になろうとしただけです。

征夷大将軍の話も断ったぐらいです。

もっと出世したかったら、征夷大将軍を断るはずがないのです。

信長は文化的な形で新しい時代をつくっていきました。

古い体制を壊したというよりは、むしろ新しく天皇制をキープする形をつくり上げたのです。

それが信長の斬新性です。

信長は戦いの時も「敦盛《あつもり》」を舞います。

文化の価値を最も理解していた文化人が信長だったのです。

歴史を人生に活かす 29

会社を長く存続させるためには、文化をつくろう。

30

大奥の仕組みが、江戸260年を存続させた。

江戸260年をキープできたのは、大奥の仕組みが大きいのです。
大奥はTVドラマになっています。
歴史好きの男性でも、意外に大奥の仕組みはよくわかっていません。
ただのハーレムだと思っているのです。
大奥の中には3000人の女性がいます。
下働きから始めて、ランクが上がっていく形です。
今晩の将軍の添い寝をする人は、シードに入っている8人から選ばれます。
将軍の顔を見られる女性は、大奥の中でほぼ1割です。
大奥の階級には、正室と側室があります。

正室は、正規の奥さんです。
愛人は側室ではありません。
まず、正規の奥さんは公家から来ます。
将軍が朝廷の箔をつけるためです。
大奥の階級の一番上が御台所です。
次に、全体の取締まりの責任者である総取締役がいます。
その下は、上臈《じょうろう》御年寄、御年寄がいて、御中臈《おちゅうろう》というシード8人がいます。
一番下に、女中が3000人ぐらいいるわけです。
大奥に入れるのは、公家か武家の娘です。
大奥をつくったのは、2代秀忠の正室のお江様です。
目的は、将軍のお遊びのためではありません。
お世継ぎが途絶えたら終わるので、とにかくお世継ぎを産むためです。
お世継ぎをなんとしても産むためにつくり上げられた仕組みなのです。

大奥階級図

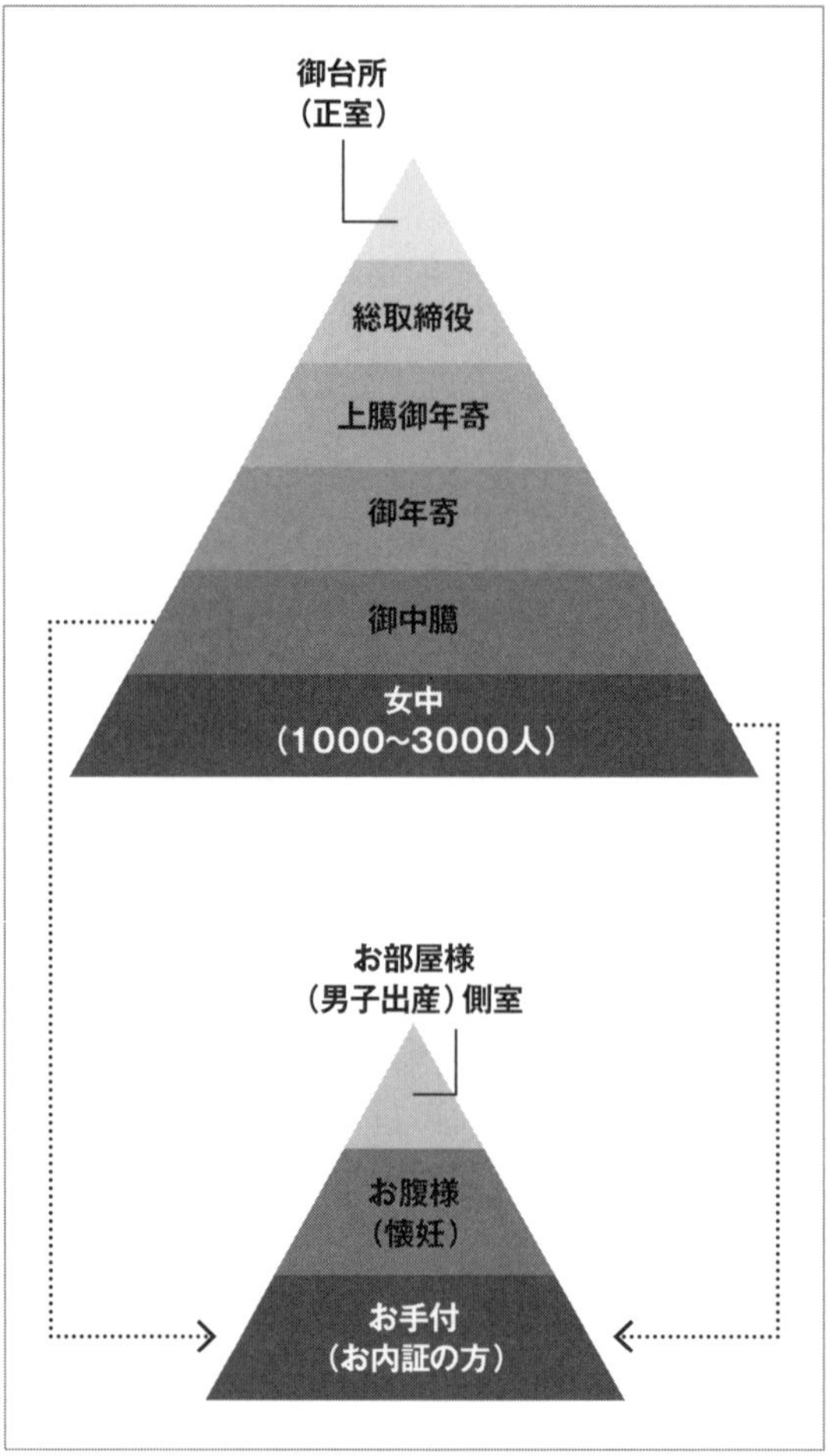

下働きからでも、側室になるチャンスあり。

31

機転をきかせて、玉の輿に乗る。

将軍としては、公家の正室が華です。

でも武家からすると、公家の女性はクールすぎるのです。

さらに武家から来ている側室の女性に興味が湧かないとなると、お世継ぎが生まれません。

そこで、3代将軍・徳川家光の乳母である春日局はスカウトを始めました。

町でかわいい子がいると聞いたら、お参りのふりをしてチェックに行きます。

「この子、機転がきくからいいんじゃない?」となると、武家や公家に養子という形で入れて、なんとか将軍家光公に興味を持ってもらおうとしました。

大奥のようなハーレム状態になると、逆に興味がなくなってしまいます。

「この子は新鮮」と思える女性が出てくるのを待ちます。

最初は、なかなかお子が生まれませんでした。

大奥の女性たちも「女性に興味あるのかな」と、テンションが下がっていました。

お楽ちゃんは、元古着商の手伝いをしていた子です。

着物の係をしていたお楽ちゃんが、子どものころから歌っていた麦つき唄を歌っているると、将軍の耳にとまって、「あの子、呼んで」となりました。

それで、4代家綱が生まれたのです。

これをキッカケに、大奥の女性たちが、「ひょっとしたら自分にも可能性がある」と、急にざわざわし始めました。

お夏ちゃんは、お湯殿係で、チャンスをつかみました。

お湯殿係が面白いのは、上半身を洗う係と下半身を洗う係が分かれていることです。

普通の感覚とは逆に、上級の人が上半身、下級の人が下半身を洗う係です。

お夏ちゃんは、下半身の係でした。

ある時、お夏ちゃんはご懐妊となりました。

そんなことが起こるから、「おねだり禁止」という張り紙が出てしまいました。

春日局が京都に行った時、ちょうどそこへ手伝いに来ていたお玉ちゃんは、なかなか機転のきく子でした。

お玉ちゃんのお母さんは、もともと八百屋さんをしていました。

商売が傾いたので、近所の公家へお手伝いに行くと、「今度、春日局様が来られるから、あんた手伝いに来なさい」と、お玉ちゃんが呼ばれました。

お玉ちゃんを大奥に入れたら、将軍に気に入られてご懐妊となったのです。

それで生まれたのが5代綱吉です。

「お玉ちゃんが輿《こし》に乗る」というのが「玉の輿」の語源です。

京都ではそう信じられています。

お玉ちゃんは京都の町を復興させました。

今日、西陣織が復興したのは、お玉ちゃんが手伝ったからなのです。

大奥の階級は、下っぱの女中からのし上がっていくシンデレラコースもあります。

まずは、一晩のお相手でお手付になることです。

これはまだ「側室」とは呼びません。

「お内証の方」と呼ばれます。

それでご懐妊になっても、まだ「側室」と呼ばれません。

これは「お腹様」と呼ばれます。

出産した時に男子が生まれて初めて部屋がもらえます。

これが「お部屋様（側室）」です。

公家から来た子にお子が生まれなかった理由は、漢方医が子どもが生まれないような薬を飲ませたという説があります。

公家にお子が生まれると、公家の権力が強くなってしまうからです。

それは、幕府としては困るのです。

公家の箔は欲しくても、強くなられては困るという中でつくられたのが大奥の仕組みなのです。

歴史を人生に活かす 31
コネがなければ、機転で勝負しよう。

32

1000年かけて没落している公家は、没落に強い。

もともと公家が生まれたキッカケは「大化改新」です。

オシャレな名前をつけていても、失敗したら殺人事件です。

失敗していたら、「乙巳《いっし》の変」です。

勝った側の歴史だから「大化改新」と習うのです。

しかも、天皇がみずから斬りつけました。

手伝ったのが中臣鎌足《なかとみのかまたり》です。

中臣鎌足は、見張りをしていました。

普通、役割は逆です。

ラスボスでいい天皇に、「私が、見張りを」と言うところが上手いのです。

中臣鎌足は、その功労で藤原鎌足になり、藤原家の始祖となりました。
万が一失敗しても自分の身が安全なように、中臣鎌足は見張りに立ったのです。
実際は、殺し屋を2人雇っていました。
その2人がビビって、実行できませんでした。
結局、中大兄皇子《なかのおおえのおうじ》が自分で行ったのです。
中臣鎌足は相変わらず見張っていました。
どっちに転んでも大丈夫にするところが藤原家の政治力の強さです。
公家は、藤原道長が頂点です。
それから以降、ずっと没落しています。
強いのは、没落慣れしているところです。
昨日や今日の没落ではありません。
1000年かけている没落だから全然動じないのです。
成り上がりは没落に弱いのです。
ゆっくり没落している公家は、余裕綽々《しゃくしゃく》です。

明治になった時に、学習院が旧公家を華族として入れました。

公家の子たちは勉強が全然できず、授業中もポカンとしているそうです。

武家の娘たちの方が機転がききます。

公家の子たちは、和歌をたくさん知っていて、字が上手です。

それでも、授業の成績はよくありませんでした。

ところが、公家の子たちは、学校を卒業すると強いのです。

勉強とは違う、社交などの人間関係がうまくいくのです。

下り坂に強い公家から学ぶところがあります。

公家は、相変わらず現在の実業界にもつながっています。

公家の力の強さがいまだに続いているということは、下り坂に強い人たちという証拠なのです。

歴史を人生に活かす 32

下り坂に、強くなろう。

33

肥前・長州は、出島担当をすることで、外国と接していた。

倒幕側に、肥前（佐賀）と長州（山口）がつきました。

薩長土肥に薩摩が入っているのはわかります。

肥前と長州がまじってきたのは不思議です。

理由は、**出島担当で、長崎港の防衛担当だったのです。**

防衛するためには、外国人と接触します。

そうすると、意識が鎖国ではないのです。

これで、**時代が260年間とまっている相手と、とまっていない相手との差がつきました。**

時代的に3世紀の差がついてしまったということです。

出島担当をする中で外国人と交渉していると、外国人から公式・非公式にいろいろな情報が入ります。

世の中は変化しているという情報もどんどん入りました。

歴史的に、江戸時代は鎖国していたと言われています。

本当は鎖国状態ではなく、薩摩は琉球貿易をしたり、北海道の方はロシアと貿易したり、各地で内密に貿易があったのです。

歴史を人生に活かす 33

外の風に当たろう。

34

本居宣長は、街道のハブの松坂にいることで、情報を集めることができた。

国学の祖である本居宣長は、松坂にいました。

京都・江戸・大阪の三都ではなく松坂という田舎にいたことを不思議に思うのは、現在の地図からの判断にすぎません。

松坂は交通の拠点なのです。

伊勢へ行くにも、尾張へ行くにもちょうど通り道なので、流通のハブとして情報が集まります。

モノが動くと、人が動きます。

人が動くところに、情報が集まります。

特に流通を押さえると、あらゆる情報を集めることができます。

私の祖父は運送業をしていました。

和歌山から大阪に運ぶ積み荷を堺で1回積み替えるのです。

そこから大阪市内のいろいろなところに運ぶという積みかえをする運送屋でした。

戦争が起こる時は、事前にわかったそうです。

運んでいる物資が、変化してくるからです。

どこに鉄道ができるかも最初にわかります。

「今度、〇〇に鉄道ができるので、資材の運搬をお願いします」と依頼されると、ルートが全部把握できます。

そうすると、先にいろいろなチャンスを手に入れられます。

情報が手に入ることは、ロジスティックスという発想です。

戦争で重要なことは、実際は戦いではなく、いかに効率よく荷物を運ぶかです。

戦争は、ほとんどが運送業なのです。

たとえば、湾岸戦争の時、米軍が40万人行くとしたらコンドームをいくつ運ぶかという計算をするわけです。

食料・薬・武器の調達は、すべて運搬が絡みます。
あらゆる場面で、流通をいかに押さえるかが勝負になるのです。

歴史を人生に活かす 34

流通のハブを押さえよう。

35

琵琶湖は、大動脈だった。

戦国時代は、琵琶湖をとった人の勝利でした。

そのために野心家が琵琶湖を狙います。

琵琶湖は、湖ではなく川だからです。

琵琶湖は湖ではなく、法律上は一級河川として登録されています。

琵琶湖は日本中から京都へモノを運搬する一番の拠点になっていました。

モノもヒトも運べるからです。

信長が拠点にしたのは津島です。

津島は、木曽川・海老川・長良川という木曽三川で一番ネックになるところです。

河川流通で、尾張から伊勢まですべての荷物が通ります。

津島を押さえていたことが信長の経済力の強さになりました。

信長があれだけ鉄砲を買えたのは、経済力があったからです。

最初に津島の流通を押さえた信長は、次に経済力の支えにするために常滑《とこなめ》を征服しました。

常滑は日用品としての陶器をつくっていたので、市民のインフラを一番押さえられます。

今でこそ鉄道・道路・航空路を考えますが、歴史上においては川が一番の流通路線になります。

徳川家康が江戸時代にまず作ったのは運河です。

江東区のまっすぐな道は人工のものです。

人工的につくられた運河はまっすぐになります。

徳川家康が埋め立てて掘った運河は、そのまま日本橋に運べるようにつくられているのです。

歴史を人生に活かす

35

荷物がどう動いているかを見よう。

36

江戸時代の東西のメインは、東海道ではなく、中山道だった。

時代劇を見ると、中山道を通るシーンがよく出てきます。

東海道がメインになったのは、東海道線ができてからです。

五街道の中で一番のメインは中山道です。

たとえば、関ヶ原の戦いに行く時も中山道を通ります。

そのため、待ち構えて攻撃するのも中山道です。

時代劇は、その辺の考証は間違っていません。

『東海道中膝栗毛』の話や、今の時代から考えると、「東海道がメインで中央本線では行かないだろう」と思いがちです。

実際には、江戸時代は中山道がメインでした。

だからこそ、徳川家は中山道で拠点となるところを押さえて整備していたのです。
大きな花火大会があるところは、徳川家とゆかりがあります。
当時、花火は禁止されていました。
火薬は武器になるからです。
花火をつくるフリをして武器の火薬をつくっている可能性もあります。
その名残として花火大会が行われているのです。

歴史を人生に活かす 36

時代劇から、学ぼう。

37

歴史を知ると、時間軸が長くなって、イライラしなくなる。情報は、イライラさせる。

現代人がイライラするのは、物事を考える時間の尺が短くなっているからです。

歴史を知り、長い流れのモノサシで物事を見ていけばイライラしません。

たとえば、株価のチャートで、1日のロウソクを毎日見ているとイライラします。

1年スパンで見ると、そんなに大きな変動はないことがわかり、イライラがなくなります。

イライラしたら、歴史的なところに行けばいいのです。

正倉院展で昔の布をほぐしている人を見た時に感動しました。

とっておいた昔の布は、粉々に崩壊しています。

布の糸くずを一本一本ピンセットで分けている作業姿を見て、「この人は凄いな」と感心しました。

出版社でも、辞書をつくる人は凄いです。

辞書や辞典は、10年、20年かけてつくります。

ロングスパンになるとイライラがなくなります。

イライラしなくなる1つの方法が歴史を見ることなのです。

歴史を人生に活かす 37

イライラしたら、歴史的なところに行こう。

38

人物は、時代を象徴している。

受験歴史では必要なくても、人物をキッカケにして歴史の流れがわかるということがあります。

「これは覚えなくていいんじゃないか」と、教科書の登場人物を減らそうとする動きがあります。

幕末の坂本龍馬もそのうちの1人です。

人間の記憶の中で一番覚えやすいのは、事象よりも人です。

抽象的な事象より、その人の人となりや人生を知り、写真を見ることで覚えます。

写真の時代なら、人物画です。

たとえば、聖徳太子の絵を見ることで、その時代の歴史に対しての興味や関心を持つキッカケになります。
人物は、その時代を象徴しているのです。
時代によって、

① その時代にノリノリの人
② その時代に真っ向から逆らう人

の2通りがいます。
歴史の勉強は、こういう人物を覚えていくのが一番面白いのです。

歴史を人生に活かす 38

人物で覚えよう。

39

女性で歴史好きは、かわいがられる。古代・平安・江戸・大正は、女性が活躍していた。

歴史物は、男の世界というイメージがあります。

男性は女性にあまり歴史の話をしない方がいいです。

男性がしくじるのは、政治・歴史・スポーツの話をした時です。

これで女性に引かれるのです。

女性は、健康・美容・グルメ・子育ての話をして、男性が閉口するというすれ違いが起こります。

女性で歴女になると、男性に喜ばれます。

歴史を覚えておくことで男性の話につきあえます。

歴史上において、日本は世界に冠たる女性大国なのです。


今、日本は女性経営者や女性の閣僚が少ないと言われています。

それは、日本の歴史上においてはごく最近の話です。

日本は天照大御神《あまてらすおおみかみ》の誕生から女性の時代なのです。

古代・平安・江戸・大正は、女性が最も活躍していた4大時代です。

それ以外の時代でも女性は活躍しています。

男性が仕事をしている今は、日本史上においてきわめて稀有な一瞬の時代にいるだけです。


本来、仕事は女性がするのです。


旅館のトップは女将さんです。

男性は灯油を入れたりする雑用係で、あとは寄り合いに行くのが仕事です。

これは、日本史を見ればよくわかります。

大奥も、仕切っていたのは将軍ではなく、お江様・春日局・桂昌院《けいしょういん》です。

いつの時代も、仕事は女性に任せていけばいいのです。

歴史を人生に活かす 39

女性に任せよう。

40

自分のルーツは、郷土史でわかる。歴史を知ると、故郷を好きになる。

若いうちは、「自分はどこから来て、どこへ行くのか」と考えることはめったにありません。

人間はだんだん死が近づいてくると、「自分はどこから来て、どこへ行くのか」と心配になります。

ある人は宗教に行き、ある人は歴史にたどりつくのです。

歴史にたどりつくと、気持ちが落ちついてきます。

私は自分の強みを考えた時、「僕の出身は堺だから、結局ＤＮＡは、南蛮貿易をしているんだから、凄い」と思い至りました。

職人がいて、外国人と貿易するようなベンチャースピリッツがあり、多様性があるというＤＮＡが自分の中に流れていると考えると、うれしいです。

私は小学2年から6年まで、イエズス会で英語を習っていました。

イエズス会を調べてみると、なかなか面白いです。

プレイボーイの軍人が総責任者をしていたというルーツも、郷土史を調べていくとわかります。

親の仕事を継がなくても、出身地のＤＮＡは入っているのです。

私の家は、染物屋でした。

染物は、地場産業です。

歴史を見ると、父親が私をクルマに乗せて行っていた隣村の名前が産地として出てきます。

自分の名前は出てこなくても、自分のルーツがわかると、故郷に対してだんだん愛着が湧いてきます。

郷土史を知り、故郷に対して愛着を持つことが文化をリレーしていくことになります。

若いうちは、「田舎はイヤだ」と感じます。

大人になると、「自分の田舎が都会でなくてよかった」と思えます。

都会に出て仕事をしていても、堺というDNAを持っていることがうれしくなってくるのです。

まずは郷土史を調べるということが、自分の強みを見つける1つの方法です。

その結果として、勇気が湧いたり、自信につながっていくのです。

歴史を人生に活かす 40

郷土史に、自分の強みを見つけよう。

41

歴史を学ぶと、技術が上達する。

その分野の歴史を学ぶと、技術力を学べます。

たとえば、習いごとをする時、「先生、これはどうしたらうまくなりますか」「テクニックを教えてほしい」と言う人がいます。

「これはそもそも何から始まったのか」ということを教わると、考え方が変わります。

アルゼンチンタンゴは、もともとは炭鉱夫の男同士のケンカが始まりという説があります。

だから踊りに力強さがあるのです。

サンバのステップは、1歩進んで下がります。

あれは、現地の人が奴隷になって鎖をつけられても踊っていることをあらわしているのです。

その歴史がわかるだけで、ダンスのイメージが湧いてきます。

ダンスを習う時は、フラダンスやイングリッシュワルツ、ベニーズワルツなどができた歴史を知ると、そのダンスに対してのアプローチが変わります。

「そういうことなのね」と、意味がわかった上で技術を学ぶことができるのです。

歴史を人生に活かす 41

習いごとをするなら、まず歴史を知ろう。

42

歴史を知ることで、マナーが良くなる。

マナーがよくなるためには、リスペクトが必要です。

歴史を学ぶと、リスペクトを持てます。

たとえば、西陣織は職人の集まりで20工程あります。

20人の職人のうち1人でも欠けたら、西陣織はできません。

茶道具も、16の職人が集まらないと茶道具一式はつくれないと言われます。

今その職人の家系が、千利休から数えて17、18代ぐらい続いています。

京都の職人の町は引越しがありません。

引越したら、どこにいるかわからなくなってしまうからです。

ずっと近所に住み続けて、お互いに結婚したり、親戚同士になっているという形が起こっています。

こういう流れを見ると、途切れさせないように技術を残すことがどれだけ大変かがわかります。

歴史を知ると、身近にこんな凄いものがあったということにも気づけます。

多くの人は、海外旅行では博物館に行くのに、ふだんは地元の博物館には行きません。旅行をして、初めて身近に古くからあるもののよさに気づくのです。

海外旅行のいい意味は、地元のいいものに気づけることです。

地元のものを外国人の目で見てみることが歴史を知るキッカケになるのです。

歴史を人生に活かす

42 身近に凄いものがあることに気づこう。

43

南北戦争終結で余った銃が、徳川幕府を倒した。

戦国時代に日本が種子島で大量の火縄銃を持った後、鉄砲狩り・刀狩りがあり、江戸時代は、鉄砲のない平和な時代になりました。

幕末になると、一転して、また鉄砲が大量に入ってきました。

アメリカでは南北戦争が１８６０年から始まり、１８６４年に終わりました。

１８６４年は、ちょうど日本がもめていた時代です。

日本国内がワーッとなっているところへ、アメリカの南北戦争で大量に余った銃が日本に入り込んできたのです。

その銃を入れたのは長崎に来住したイギリスの商人グラバーです。

長崎から入ってきた銃によって、激戦が起こりました。

万が一の事態が起きたら、今日の東京である江戸が、1回、内乱で焼け野原になってもおかしくないところまで来ていました。

それはあと一歩のところで守られました。

南北戦争は日本には関係ないはずなのに、歴史は必然的につながっているのです。

世界中の出来事は、自分たちの生活に関係のないことはひとつもありません。

日本で、カリフォルニアの火事のCNNニュースを見ると、「別に関係ないし」と他人事に思いがちです。

すべて自分たちの生活につながっています。

一見つながりのないことにつながりを感じられるようになるというのが、歴史を学ぶ面白さなのです。

歴史を人生に活かす 43

一見関係ないことのつながりに、気づこう。

44 歴史を話すことで、人との出会いがある。

人気のある観光ボランティアさんは、自説を楽しそうに繰り広げてくれる人です。

正しさにこだわりすぎる観ボラさんは、何かもの足りないのです。

観ボラさんになるのは、意外に難しくありません。

数日の研修を受けるだけで、そろいのブルゾンを着て、来訪者と楽しく歴史の話ができます。

歴史は自分が知っているだけではなく、人と話し合う楽しみがあるのです。

それぞれの地域で観光ボランティアを募集しているので、ぜひ応募してみるといいです。

そこには歴史に詳しい人も来るので、その人からまた知識が増えていきます。

友達もできます。

これが楽しいのです。

堺は歴史好きが多いのです。

由来の書かれた掲示板を一瞬でも見ていると、「歴史お好きですか」と話しかけられます。

「ええ」と言ったら最後、そこから説明が始まります。

その前にテストがあって、「三好長慶《みよしながよし》はもうご存じですね」と聞かれます。

三好長慶も松永弾正《だんじょう》もかなり面白い人なのに、試験には出てきません。

三好長慶は信長以前の信長のような人でした。

信長の方が有名になったので、歴史で影が薄くなったのです。

「すみません、基本からお願いします」と謝れば、そこから説明してくれます。

その人は犬の散歩をしていた奥さんです。

1時間くらい話した後、「私は晩ごはんの支度《したく》があるので、向こうから自転車で来る人に続きを聞いてください」と、リレーされます。

いつまでたっても帰れません。
町中が観ボラさんなのです。
これが堺市の魅力なのです。

歴史を人生に活かす 44

観ボラさんになろう。

45

両親の話、祖父母の話を聞く。

堺市の作文コンクールで、子どもたちの書いた作文を読むと空襲の話がありました。

作文に書かれているおじいちゃんに聞いた空襲の描写は、私が父親から聞いている描写とまったく同じで驚きました。

それは本当の話だからなのです。

違う人たちから同じ話が伝わっているわけです。

歴史の書物に書かれて残っている話ではありません。

私が聞いていた、「生駒《いこま》山の方から何時ごろにB29が飛んできて」とか「田んぼで機銃掃射を受けた時に、目が合った操縦士が笑っていた」という描写まで同じなのです。

両親や祖父母の話は立派な歴史だということです。

私は、コシノヒロコさん・ジュンコさん・ミチコさんと親戚です。

綾子お母ちゃんに「親戚関係について今度書いておいてください」とお願いすると、「書いといたよ」と渡されたのは凄い巻き物になっていました。

私が想像したのは、トーナメント表のような関係図でした。

全部の関係を文章で、立派に筆で書かれています。

「お母ちゃん、ここに桂小五郎が出てくるけど、桂小五郎と何かあるの」と聞くと、「桂小五郎の奥さんは幾松でしょう……」と、桂小五郎に何か関係があるという話になりました。


歴史は、生で体験した人の話が強いのです。


私の世代は、ギリギリ親が戦争体験者なので、戦争のリアル感が凄くわかります。

将来、親も祖父母も戦争を知らない世代が出てくると、戦争のリアルさがゲーム化していく危険性があります。

それを食いとめるためには、親や祖父母の話を聞く必要があります。

現代は核家族が増えています。

田舎に帰ると、お仏壇の近くに兵隊さんの格好をした写真が飾ってあります。

お仏壇の写真も、1つの歴史体験として大切なのです。

歴史を人生に活かす 45

高齢者の話を聞こう。

46

由来を知ると、世界が広がる。

歴史を知ることは、由来を知るということです。
すべてのものには由来があります。

私の母方の祖父の家系は淡路島の伊弉諾《いざなぎ》神宮の仕事をしていました。後に自転車工場を始めました。

淡路島に行くと、変わった地名が多いのです。

私は、淡路島のホテルアナガに泊まった時にホテルマン数人と一緒にごはんを食べました。

そこで「阿那賀は変わった地名ですね。今日いろいろまわって不思議な地名がたくさんありました」と言うと、ホテルマンたちの目が光りました。

「その話をされますか。ごはんを食べる時間が2時間しかないですね」と言われて、どれだけ長い話をしようとしているのかと心配になりました。

「凄いざっくりでいいですか」と言って、2時間でまとめてくれました。

本人の中では納得いかないぐらいのざっくりした内容ですが、地名に関しての由来を話してくれたのです。

そこにいたホテルマン全員が自説を語ってくれました。

みんながアマチュアの郷土史専門家です。

郷土史は面白くてしようがないのです。

地名1つを見るだけでも、「なんでこうなのか」という由来が気になります。

神社、お寺に行くと、必ず看板があります。

その看板を読んでみると面白いです。

ただ、堺は危ないです。

読んでいると、地元の人に話しかけられて、つかまります。

これが堺の魅力であり、強みでもあるのです。

歴史を人生に活かす

46

珍しい名前や地名は、由来を聞こう。

47

地域の博物館に行く。図書館の郷土史コーナーに行く。

郷土史を調べようと思っても、本屋さんに郷土史の本は売っていません。

ただし、図書館の郷土史コーナーに行くと、びっしりそろっています。

図書館の偉さは、売れない郷土史の本をそろえているところです。

郷土史を研究している人たちがたくさんいるので、図書館の郷土史コーナーは充実しています。

地域の博物館でも郷土史がわかります。

私は堺市博物館のアドバイザーをしていました。

竹山修身元市長に「ここを盛り上げてください」と頼まれて、仕掛けをいろいろ考えました。

今は仁徳天皇陵が世界遺産になったのでお客様が増えています。

当時、私は市長に「ここは日本一うるさい博物館にしましょう」と提案しました。

私が博物館で説明していると、まわりにぞろぞろついてくる人たちがいます。

そうすると、監視員の人から「シーッ。すみません、静かにお願いします」と注意されます。

関西は違います。

関西の博物館は、みんながワイワイ話しているのでまったく注意されません。

私が1つ1つの展示について説明していると、「この人の話を聞きなさい」と言って、ずっと同じテンポでついてくる親子もいます。

そうやって、どんどんついてくる人が増えるのです。

説明している人がお客様で、聞いているのが学芸員というのがベストな形です。

歴史は、みんなが自分の説を持っていていいのです。

それを話し合うのが楽しいのです。

お寺には仏像があります。

神社には鏡があるくらいで、何もありません。

そのかわり宝物館があります。

地元の神社で「宝物館を見せていただけますか」と言うと、自転車のカギのような小さなカギであけて中を見せてくれました。

倉庫のように、凄い逸品名品が無雑作に置いてあります。

東京国立博物館で展示したら大行列になりそうなものが、「これ、こんな置き方していいの」と言いたくなるほど、ざっくり置かれていたのです。

渋谷の金王八幡宮の宝物館には、３７５キロのおみこしが置いてあります。

このおみこしは、鎌倉のおみこしの手伝いに行き、持ち帰ってきてしまったそうです。

おみこしを持って帰れるところがビックリしました。

ワッショイ、ワッショイと運びながら、練り歩いているフリをして持って帰ってきたというのです。

追いかけられても、担いで逃げ切ったという話を聞きながら実物を見ることで、歴史を感じるのです。

歴史を人生に活かす

47

お参りのついでに、地元の神社の宝物館に行こう。

48

歴史と今は、境目がない。

淡路島に行くと、ホテルマンまでが全員、自分の歴史観を語ります。

京都や奈良にしても、身近に歴史的建造物があります。

私も古墳でゴルフゲームをして遊んでいました。

近所には神社やお寺があり、歴史は今でも地続きで存在しているのです。

今と歴史は、たいして違いがない状態です。

本来、歴史は日常の中にあります。

歴史物語と『アベンジャーズ』の区別はありません。

だからこそ、古い歴史のある所へ行き、いまだにこの歴史が日常と地続きにあると知っておくことが大切なのです。

歴史を人生に活かす

48

日常の中の歴史に気づこう。

49

教科書で教えないところが、面白い。

教科書で教えていない歴史はたくさんあります。

それらの歴史は、不道徳なことやエッチな大人なことが含まれていて、なかなか教えられないということもあります。

教科書で教わっていることが歴史のすべてではありません。

私が子どもの時、歴史に興味を持ったのは、中一の時の武田先生がキッカケです。

古墳の話が大好きで、古墳の話を熱っぽく語ってくれました。

その話はテストに出ないので、受験にはまったく役に立ちません。

それでも、私は受験に関係ない話に凄く興味を持ったのです。

受験時代は、金本先生という明治大学の先生が駿台に教えに来ていました。

金本先生は休講が多く、冬休み直前にまとめてやってくれるのですが、熱烈なファンが多くいました。

結局そこで知り合った仲間と友達になったり、彼女もできました。

金本先生の話は、江上波夫さんや梅原猛さんの新説で、受験には100％出ません。

江上波夫さんの「日本騎馬民族国家説」や、梅原猛さんの『隠された十字架』は面白かったです。

「ヤバい、これを聞いていると受験はダメだぞ」とわかっていても、金本先生の話を聞いていました。

そういう体験こそが大切です。

受験が終わると、歴史は楽しいです。

歴史は、受験に出ないところを楽しめばいいのです。

歴史を人生に活かす
49 教科書がすべてと、考えない。

50

高句麗が朝鮮半島を攻めたおかげで、百済から技術と馬が伝わった。

堺が包丁の町になったのは、技術者がいたからです。

仁徳天皇陵をつくるためには、工具が要ります。

鉄を鋳造して刃物の工具をつくらなければなりません。

さらに、埴輪《はにわ》をびっしり並べるので、埴輪をつくる焼き物師が必要です。

これは百済《くだら》から技術者に来てもらわなければなりません。

ただ「来てください」と言っても、簡単には来てもらえません。

この時、ちょうど朝鮮半島で、北の高句麗《こうくり》が強くなって、高句麗は東側の新羅《しらぎ》と同盟を組んで百済を攻めました。

そこで、百済は日本と同盟を組んで抵抗しようとしました。

当時の日本はまだ土器や工具をつくる技術が進んでいませんでした。

百済は、日本と同盟するために、日本の技術力を上げようとして自分たちの技術を教えたのです。

百済は、高句麗から自分たちを守るために日本を味方にしようとして仲よくなったので、仁徳天皇陵のつくり方を教える渡来人を派遣してくれました。

そして、土器や工具や鉄器をつくる人たちを堺に連れてきたのです。

百済は、馬も連れてきてくれました。

当時、日本には馬がいませんでした。

その馬を連れていったのが北関東です。

それが今、北関東や福島に馬が増えているもとになっているのです。

後に習志野の騎馬連隊になったり、平家の船に対して源氏の馬となるベースは、百済から来ました。

百済から仏教も伝わりました。

百済とのつきあいが生まれたことがいろいろな技術のベースになっています。

それは高句麗が攻めてくれたからという玉突き現象によって起こりました。

日本が、困っていた百済を応援した結果です。

白村江《はくすきのえ》の戦いは、応援に行って、結局負けました。

負けてもいいのです。

戦争自体はいけないことですが、技術交流になります。

朝鮮に出兵した文禄・慶長の役も完全に負けています。

途中で秀吉が亡くなったことで、日本軍は引き揚げました。

秀吉が亡くなってちょうどよかったのです。

あの時、勝っていたらどんどん攻めて、太平洋戦争のようなことが起こっていた可能性があります。

大名がそれぞれの土地で探し出した朝鮮の陶工を連れて帰ってきたおかげで、九州から山口にかけては、大陶器王国が生まれたわけです。

それによって、伊万里焼が日本からヨーロッパへの輸出品になりました。

伊万里焼が輸出品になっていくのも、本当にめぐり合わせです。

ちょうど明から清に入れかわるころです。

明がつくっている輸出品がもともとあったのに、明が清に攻められて混乱が起こり、清が鎖国したおかげで、伊万里焼が60年にわたってヨーロッパへの輸出品になりました。

それも、とうとうヨーロッパで磁器をつくるカオリンという石英が見つかったことで、伊万里焼の一人勝ちの時代が終わりました。

歴史は、すべての事柄がつながって動いていくのです。

歴史を人生に活かす 50

困っている人を、応援しよう。

51

ヨーロッパから一番近いのは、鹿児島だった。

東京中心の地図を見ると、鹿児島は遠くに感じます。

参勤交代でも、江戸から遠いところはコストがかかります。

ただ、ヨーロッパから見ると違います。

東シナ海からやってくると、一番最初に「あ、日本だ」と見えるのは鹿児島です。

地図は相手側から見る必要があります。

鹿児島は、1863年に薩英戦争をしました。

イングランド代表と鹿児島FCの戦いのようなものです。

勝てるわけがありません。

負けた結果、仲よくなりました。

これが鹿児島の凄いところです。

鹿児島とイギリスが仲よくなり、明治時代は鹿児島からイギリスのケンブリッジやオックスフォードへ留学する人がたくさんいました。

日本の美術界も、鹿児島出身の黒田清輝や藤島武二などの洋画家が席巻していったのです。

軍艦マーチのような軍楽隊も生まれました。

薩英戦争の時、イギリス軍は音楽を鳴らしながら攻めてきました。

それを見た薩摩側がカッコいいと思ったのです。

負けた後、すぐ自分たちで軍楽隊をつくりました。

鹿児島は長年貿易をしているので、負けていながらも仲よくなるという形での取り入れ方ができたのです。

結果として、鹿児島が日本の最先端になったのです。

52

西洋史は、ギリシャ神話とキリスト教の両輪でまわっている。

西洋史は、ギリシャ神話とキリスト教の二本柱で捉えます。

ギリシャ神話の主役は、ヴィーナスです。

キリスト教の主役は、マリア様です。

この2つの主役で覚えればいいのです。

マリア様から見ると、「ヴィーナスは、裸でウロウロしているし、あちこちの男とつきあっている」と考えるわけです。

これは一神教と多神教の組み合わせです。

歴史のベースは、文化史です。

ヨーロッパ文化史のベースは、ギリシャ神話が土着としてあり、キリスト教があり、そこに第三勢力の異文化がまじる三本柱のミクスチャーだと理解することが大切です。

キリスト教の中での悪役は、アダムとイブのイブです。

イブに「これを食べてみなさい」と勧めた蛇は、リリスというアダムの前の奥さんです。


アダムが再婚だったという話は、美術史に出てきます。


中には、ヴィーナスの息子がキューピットだという話をすると、

「ヴィーナスには子どもがいたんですか。ショックです。旦那さんは？」

「ウルカヌスという旦那さんがいるよ」

「え、旦那もいたんですか。ヴィーナスはアイドルだと思っていたのに」

と、残念そうに言う人がいます。


神話は複雑ですが、これも歴史なのです。


ゼウスも面白いです。

ゼウスは全知全能の神で、浮気し放題です。

それなのに必ず変身して行きます。

「全知全能なのだから、ゼウスの姿のまま行けばいいのに」と思います。

ほかの人がゼウスのフリをするならわかります。

ゼウスが人間や女性や牛や白鳥に化けたりするわけです。

その辺が凄く人間的で面白いです。

ゼウスが浮気っぽくて、子どもが大勢いるのは、ヨーロッパの地中海世界のそれぞれの国がゼウスの末裔《まつえい》と名乗りたいからです。

ゼウスを浮気者に設定しておくと、「ゼウスが誰々と浮気してできた子どもがうちの先祖」と言えます。

そのため、気の毒なことにゼウスが浮気者になるのです。

謹厳実直よりも、「その辺が人間らしくていいよね」というキャラクターの方が人気が出るので残ります。

長年ずっと抑えられていたギリシャ神話が、ギリシャ神話とキリスト教を並列させていいと合体させたのがルネッサンスの時代です。

私たちは多神教の中にいるので、なんでも取り入れやすいです。

これからのダイバーシティの時代は、多神教の方針で行くことです。
「何教ですか」と聞かれたら、「多神教」と答えます。
実際、日本ではクリスマスもお正月もお祝いしています。
宗教がないのではありません。
無神論者ではなく、それだけ神様が生活にとけこんでいるためです。

歴史を人生に活かす 52

なんでも柔軟に取り入れ、多神教姿勢で生きよう。

53

統一した文明は、多様化する文化に分かれていく。

文明は、広い地域を統一したものです。
文化は、多様化しているものです。

強い支配者が出てくると、分裂している文化を1つにまとめて文明化します。
これが必ず途中で分かれて、文化に戻っていくという展開になります。
今は、文化に分かれていく時代です。
これが多様化という時代です。
いっときはローマ帝国がありました。
ローマ帝国は違うところまで全部ひっくるめて自分たちの文化にしようとしました。
その1つがエジプトのミイラです。

本来、エジプトではミイラ技術がどんどん発展していました。

それなのに、リアリズムで、写実が好きなギリシャ人が、ミイラの中のつくり方よりも、それを覆う棺の方の装飾に凝り始めました。

外側のパッケージを凝り始めたことで、ミイラの技術は下がりました。

ミイラをつくることはエジプトの文化でした。

ミイラの外側のパッケージをきれいにするという形は、ギリシャ文化の押しつけによるものなのです。


文明は消えるけど、文化は残るのです。

歴史を人生に活かす 53

多様化を受け入れよう。

54

ブッダは偶像崇拝を禁止したのに、アレキサンダー大王が仏像をつくり始めて、広まった。

ブッダは偶像崇拝を禁止していたので、ストゥーパや舎利殿だけが唯一残っていました。

仏像ができたのは、アレキサンダー大王の時代からです。

ギリシャ人は、彫刻が大好きです。

よその土地に来て、勝手にオシャレに彫刻をつくってしまうのです。

ブッダはアジア人なのに、彫りの深いギリシャ人の顔につくり上げられてしまいます。

その仏像は、マケドニアが崩壊した後も、ヘレニズム文化として「なんとなく仏像もいいよね」という形で、中国を渡りながら残り、やがて日本に伝わりました。

実際は、日本に来ている仏教は、ベースはカレーです。

ヘレニズムが最初に来ているから、欧風カレーです。

出しているのは日本そば屋です。

つくっている料理人は中国人です。

そういう不思議なお店なのです。

「日本料理屋で、中国人のシェフが作る欧風カレー」が今の日本の仏教という形です。

それを私たちは違和感なく見ているわけです。

お寺に行くと、天井が高いです。

凄いと思わせるためだけに天井を高くしているのではありません。

外国から入って来た様式がベースになっているからです。

中国の家は天井が高いのです。

お寺の天井の高さは、日本の家と比べたら高くても、外国人から見たら当たり前なのです。

歴史を人生に活かす

54

変化することで、存続しよう。

55

技術は教育、精神は世襲で育成される。

お能は世襲制で、室町時代から600年続いています。

お能や古典芸能は、本来は才能のある人に継がせた方が長持ちして、劣化しません。「出来が悪かったらどうするんだ」と心配するなら、優秀な人に技術を伝えた方がいいのです。

古典芸能は精神を伝えるものです。

技術は教育し、精神は日常生活で学びます。

歌舞伎の家で生まれた人は、歌舞伎役者になることが子どもの時から決まっています。

舞台後に、子どもが「今日も勉強させていただきました」と挨拶に行くと、お父さんは「舞台のことはどうでもいいけど、今の戸のあけ方がよくありませんね」と直します。

そういう日常に精神があるのです。

技術だけ学んで精神を学ばなければ、文化は一部分しか継承できません。

それは、精神がベースにあって、その上に技術が乗っているからなのです。

歴史を人生に活かす 55

精神は、日常から学ぼう。

56

世界の思想は、第1次世界大戦で、ガラリと変わった。

世界の思想が近世から近代に大きく変わったのは、第1次世界大戦の時です。

それまでの戦争と最も違ったのは、毒ガス・戦車・飛行機という新兵器が出てきたことです。

それから、ヨーロッパ中が巻き込まれる戦争になりました。

実際、第1次世界大戦での死者は、はんぱなく多かったのです。

戦争で死んでいる人だけではありません。

戦争が起こると、必ず健康状態が悪くなって、感染症に罹《かか》りパンデミックが起こるのです。

第1次世界大戦時に起こったのがスペイン風邪です。

ヨーロッパで起こったスペイン風邪で世界中で2000万人〜4000万人が亡くなりました。

日本では48万人が亡くなっています。

ヨーロッパから遠く離れているのに、日本で48万人も亡くなるという大変な事態が起こり、「こんなに人は死ぬんだ」と、みんなの意識が変わりました。

戦争が終わったのは、連合軍が勝ったからではありません。

スペイン風邪のあまりの猛威で、「戦争なんかしている場合じゃない」と、なんとなくグズグズと終わったという形です。

これが「今までの貴族的なゴテゴテ感よりも、シンプルがいいんじゃないの」と、現代的な意識に変わるキッカケになりました。

世界中が、「どんなにぜいを凝らしても戦争になったら終わりじゃない」という意識で、シンプルさが見直されるようになりました。

たとえば、立憲君主国家なら、戦争をする前の国民は「君主が自分たちを守ってくれる」と思っていました。

ところが第1次世界大戦によって「いざ戦争になると守ってくれない、自分の身は自分で守らなくてはいけない」という自己責任の発想が生まれました。

1920年代になると、世界中で自由と自己責任という運動が起こり始めました。

ちょうどこれが日本の大正時代です。

世界中で、それまで入れなかった芸術の世界へ女性が入れるようになったり、女性の参政権が生まれました。

アメリカでは、自転車に乗る女性が出てきたとビックリされました。

その理由は、**男性が戦争で死んだからです。**

圧倒的に男性の労働力が足りなくなりました。

日本でも自由教育運動が起こりました。

与謝野晶子などが学校をつくり、元先生ではない芸術家を雇って、子どもたちに芸術で教育をしていこうという日本の教育運動が最も広がっていたのはこの時代です。

この時、たとえば熱の対流や燃焼を子どもたちに教えるために、焼き芋を焼かせて教えようとする自由教育が生まれました。

ヨーロッパの芸術の世界では、それまでの伝統でアカデミーが強かったところに、エコール・ド・パリが生まれました。

藤田嗣治《つぐはる》、ピカソ、モディリアーニという人たちが出てきて、世界中で新しいことをしようとする時代になりました。

第1次世界大戦は、ヨーロッパではかなりショックだったようです。

第1次世界大戦はドイツを追い込みました。

多額の賠償金を払えと言われたら、やけくそになって戦争をもう1回起こすというのは想像がつくことです。

国際連盟が戦後対策をしくじったのです。

第1次世界大戦と第2次世界大戦に分かれている2つの戦争は、結局は1つの戦争なのです。

前篇・後篇がリアルなのです。

歴史を人生に活かす 56

自由と自己責任を持とう。

57

十字軍遠征失敗・ペストから、ルネッサンスと宗教改革が起こった。

ヨーロッパでは十字軍遠征に失敗したことで、ショックがありました。

「十字軍が行ったけど、イエス様は守ってくれないじゃん。イスラムは強い」

14世紀にはペストが起こり、ヨーロッパの3分の1の人が亡くなりました。

こうなった時に、人間の反応は、
① 神にすがる人
② 自分でなんとかしなければいけないと思う人
の2通りに分かれます。

「すがる人」たちは、宗教改革を起こしました。

「なんとかの人」たちは、ルネッサンスを起こしたのです。

ヨーロッパの歴史では、十字軍は失敗し、ペストというパンデミックで不運なことが起こりました。

21世紀の現代に生きる私たちの一生の中でも、失敗や不運は、新たなイノベーションが起きるキッカケになるのです。

歴史を人生に活かす 57

失敗と不運をキッカケにしよう。

58

歴史は、振り子運動をする。経済が下り坂になった時、文化が栄え始める。

歴史は、振り子現象で起こります。

どちらが正しいということはなく、時代はらせん状に進んでいきます。

今までしてきたことの延長線上に未来の方向を探そうとしても、見つかりません。

だからこそ、歴史を学んだ方がいいのです。

文化が栄えるのは経済が下り坂になってからです。

経済が上り坂になっている間は、文化は栄えません。

技術が栄えていくだけです。

技術と文化は違います。

技術が栄えていく時代は、よりぜいたくな方がいいのです。

クルマなら、「大きいクルマがいい」「排気量が大きいクルマがいい」「高いクルマがいい」というのは上り坂の時代です。

経済が下り坂になり始めた時には、「軽もいい」「小型車もいい」「自転車もいいよね」という感覚にどんどん変わります。

歴史は、1人の人間の中でも起こります。

40歳を過ぎると、年収は下がり始めます。

その時に、「今まで右肩上がりのイケイケで、モノをもっと手に入れようと思ったけど、モノは少なくていい。ミニマリズムで大丈夫。シンプル・イズ・ベストでいけばいい」と考えると、もっと文化的に楽しむ人生を送れるようになるのです。

歴史を人生に活かす
58
年収が下がり始めたら、歴史を学ぼう。

59

赤ずきんちゃんも、グレーテルも、口減らしの捨て子だった。

童話にも、歴史の背景があります。

『赤ずきん』は不思議な話です。

ヨーロッパの森は、日本で言うと、自殺の名所になっている富士山の樹海のようなところです。

その森の中のおばあちゃんの家へ、小さい赤ずきんちゃんを1人でお使いに行かせる親はひどいです。

今のアメリカなら幼児虐待で訴えられます。

そもそも、森の中におばあさんが1人で住んでいるのもおかしいです。

家族と近いところに住んであげてほしいです。

ヨーロッパは、緯度的に北に位置しています。

ドイツは、日本と比べると、とんでもなく北です。

北海道より上にあります。

スコットランドに至っては、カムチャッカと緯度的に同じですから寒いのです。

寒いということは、食料が手に入りません。

そうすると、口減らしをしなければならなくなります。

昔は、子捨てとおば捨てが多くありました。

親世代が生きていくためです。

口減らしをした後は、思い出すと心が痛みます。

それを赤ずきんちゃんのようなフィクションに置きかえて、心を癒そうとしているのが童話なのです。

昔話としてあるものを、後にグリムが集めたアンソロジーです。

『ヘンゼルとグレーテル』も不思議な話です。

子どもを森の中に連れて行く時、子どもがパンくずを落としながら歩きます。

子どもも、捨てられると気づいています。

お菓子の家に住んでいるおばあさんも捨てられたのです。

よく考えると、『ヘンゼルとグレーテル』はおばあさん殺しの話です。

お菓子の家にあった宝物を持ち帰って暮らすというのは、考えたらエグい話です。

しかも子どもの証言のみで描かれている話です。

ヘンゼルとグレーテルも、赤ずきんちゃんと同じような過酷な状況があったということです。

『ハーメルンの笛吹き男』もナゾの話です。

大量に発生したネズミを笛吹き男が退治すると、「どうせおまえが連れてきて、マッチポンプをしたんだろう。それなら払わない」と、ハーメルンの町の人々はお金を払いませんでした。

すると、笛吹き男に子どもたちが連れていかれて二度と戻らないという話です。

これはドイツであった東方植民という話なのです。

東方植民は、共通一次の問題で出ていました。

ドイツでは西から東へ、日本の屯田兵のように、土地を開拓するために子どもたちを連れていくのです。

残った親は心苦しいから、それを人さらいに連れていかれた話に置きかえているという歴史的背景があります。

童話を読むだけでも、歴史を学ぶことができるのです。

歴史を人生に活かす

59

童話から、学ぼう。

60

アヘン戦争を見たおかげで、日本は植民地にならずに済んだ。

1840～1842年にアヘン戦争が起こりました。

日本にとってきわめてラッキーだったのは、高杉晋作たちが上海に渡ってその状況を見たことです。

日本人は、中国は世界一の国だとずっと思っていました。

凄いと思っていた中国がイギリスにひどい目に遭っているわけです。

町じゅうがアヘン窟《くつ》になり、こてんぱんにやられているのです。

中国は、秦の始皇帝と唐以降、たいした戦争をしていません。

当時の中国は戦争に勝った歴史がなく、「眠れる獅子」とずっと言われていました。

アヘン戦争は、実際は獅子ではなく、唐の財産でしのぎ続けていたことを暴露した

ようなものです。

それまで自分たちが最強と思っていた中国がこてんぱんにやられているのを見て、「攘夷《じょうい》、攘夷」と言って騒いでいたら植民地になってしまうということに気づくことができました。

歴史はギリギリの綱渡りのような偶然です。

まわりの失敗から学んでいくことは、大切なのです。

歴史を人生に活かす 60

まわりの失敗から、学ぼう。

61

「近う寄れ」は、畳1枚ずつ寄ることだった。

よく時代劇で、殿様と話している時に「苦しゅうない、近う寄れ」と言われてズズッと寄っていくのは現代劇的な脚色です。

実際は、「近う寄れ」と言われたら、大広間の畳の横1枚分進むのです。

「もちっと寄れ」と言われたら、1枚分ずつ進みます。

殿様は、それぐらい直接話してはいけない存在だったのです。

ハリウッド映画では、将軍と武士が直接話しています。

『ラストサムライ』の時に、武士役の渡辺謙さんは「将軍の目を見ろ」と言われて抵抗しました。

武士は将軍の目を見ることができないという日本人の感覚から、いつの間にか、ハリウッドの感覚になってはいけないと思ったのです。

スピルバーグの戦争コメディー映画『１９４１』には三船敏郎さんが日本の潜水艦の艦長役で出ています。

スピルバーグは三船敏郎さんの大ファンだからです。

撮影中、潜水艦に落書きされていたことに対して、三船敏郎さんは「陛下に賜った潜水艦に落書きするとは何事か」と言って怒りました。

外国人は飛行機などによく落書きするのです。

「これは違う」と三船敏郎さんが言ったのも、日本人の感覚を捉えています。

三船敏郎さんはカメラマンとして、明日、神風で出撃する兵隊さんの写真を撮るという仕事をしていて、リアルな体験があるから生々しいのです。

「苦しゅうない、近う寄れ」という言葉があるように、実際、会社の会議でも、ビビらないで意見を言うことが歴史を動かします。

それが人からかわいがられるコツでもあるのです。

歴史を人生に活かす

61

恐れず、上司に意見を言おう。

62

縄文時代は、現代より進んでいた。

昔は技術が低くて、今は技術が高いというのは勘違いです。

縄文時代は、遅れた時代ではありません。

縄文展に行くと、火焔型土器の横に、今の急須とまったく同じものがあります。

それを見た時に、後ろのカップルが「縄文人、やればできるじゃない」と言っているのが聞こえました。

私は、今の急須と比較するために置いてあるのかと思っていたら、縄文式土器と書いてありました。

シンプルな土器はつまらないから火焔型土器が流行っていたという可能性もあります。

縄文時代は1万年続いているのです。

1万年も進歩がなかったと解釈するのは勘違いです。

1万年の長期政権が続くほど、縄文時代は凄かったのです。

唯一、日本の文化の中で海外の影響を受けていません。

私の実家は染物屋で、型紙を漆《うるし》で固めます。

1万2000年前の縄文時代も漆を掻《か》いていました。

漆の道具が出土しているのです。

漆掻きは今とまったく同じ形です。

1万2000年前から、それを上回る道具が出ていないということは、1万2000年前が最先端だったということです。

正倉院の宝物に、一番保存が難しいものとして布があります。

あの染色は当時、ペルシャや唐から入ってきた染物を国産で再現しています。

それは、今日の染色技術では再現できません。

どうしたらその色が出るかわからないのです。

染色は、聖武《しょうむ》天皇の正倉院の時代がトップで、現在これだけ科学が進んでいても乗り越えられません。

時代が進めば技術も進んでいくという発想は、勘違いなのです。

歴史を人生に活かす 62

長く続いた時代から、学ぼう。

63

再生の力を持つのが女性だ。

縄文式土器は、女性がつくる係です。

お母さんが娘につくり方を教えます。

女性は子どもを産むので凄い存在です。

当時は、人口が減ることが最大の恐怖でした。

村で家族で暮らしていて、家族が減ると生きていけないのです。

そこそこの人数をキープするためには、子どもを産むという再生の力を持つ女性をあがめることが、歴史の中でも大切にされていました。

食べ物を食べる時も、ただ食べるのではなく、再生のエネルギーをもらっていると考えます。

生き物や植物から命をもらう。
抜け殻をつくりながら生き延びていく蛇を祀《まつ》る。
太陽よりも月を祀る。
女性は再生というエネルギーとなっています。
だからこそ、女性は敬われていたのです。

歴史を人生に活かす 63

女性から、再生力を学ぼう。

おわりに

64

テストでなくなってから、歴史は面白くなる。

大人の勉強で一番いいのは、テストから解放されることです。

テストから解放されると、「なんのために」がなくなります。

「気になるから」「好きだから」「面白いから」と、目的なく勉強することが一番大切です。

「歴史を勉強することによってお金持ちになろう」「偉くなろう」という目的を持たない方が歴史を勉強する強みになります。

歴史上には、遺跡など意味不明なものがたくさんあります。

遺跡に「これはどんな意味だろう」と考える人は、すでに現代の目的優先主義に毒されています。

「目的がないものはあるから」と言われた時に、頭の中で混乱が起こります。

「なんのために」を言ってくれないと落ちつかないというのが、現代人の陥っている狭い落とし穴です。

縄文式土器のウニャウニャした形は、鍋としては使いにくいです。

縄文式土器は、実用です。

「使いにくいのに、なんであのウニャウニャがあるのか」と考えて、「理由はないけどいいんじゃない？」ということに現代人は耐えられないのです。

理由が出てきた時点で、それは「面白い」ではありません。

利害が生まれます。

「学校で教わったのとこれが違うんだ」という面白味を楽しめばいいのです。

受験勉強をしてよかったと思うのは、「そうじゃなかったんだ」という発見で自分の意識をひっくり返せることです。

ベースがあることがいいのです。

勉強していくと、「今までずっとこうだと思ったのに違ったの？」という状況になることがあります。

知れば知るほど逆転が起こり、どこまで行っても正解にたどり着けないことが面白いのです。

一生楽しめるということです。

歴史を楽しむ時、二流の人は、その歴史を使って何かをしようとします。

人生を楽しめる人は、目先の利益や近視眼的な視点を取っ払って、単純に歴史を面白がります。

理由がつくことは、話がすぐに終わってしまいます。

理由のわからないことは、自分で想像したり、参加できる楽しみがどこまでも続いていくのです。

歴史を人生に活かす 64

テストに出ない好きなところを、とことん調べよう。

『なぜあの人は時間を創り出せるのか』
『なぜあの人は運が強いのか』
『20代でしなければならない50のこと』
『なぜあの人はプレッシャーに強いのか』
『大学時代しなければならない50のこと』
『あなたに起こることはすべて正しい』

【きずな出版】
『チャンスをつかめる人のビジネスマナー』
『生きる誘惑』
『しがみつかない大人になる63の方法』
『「理不尽」が多い人ほど、強くなる。』
『グズグズしない人の61の習慣』
『イライラしない人の63の習慣』
『悩まない人の63の習慣』
『いい女は「涙を背に流し、微笑みを抱く男」とつきあう。』
『ファーストクラスに乗る人の自己投資』
『いい女は「紳士」とつきあう。』
『ファーストクラスに乗る人の発想』
『いい女は「言いなりになりたい男」とつきあう。』
『ファーストクラスに乗る人の人間関係』
『いい女は「変身させてくれる男」とつきあう。』
『ファーストクラスに乗る人の人脈』
『ファーストクラスに乗る人のお金２』
『ファーストクラスに乗る人の仕事』
『ファーストクラスに乗る人の教育』
『ファーストクラスに乗る人の勉強』
『ファーストクラスに乗る人のお金』
『ファーストクラスに乗る人のノート』
『ギリギリセーーフ』

【PHP研究所】
『自己肯定感が一瞬で上がる63の方法』【文庫】
『定年前に生まれ変わろう』
『なぜあの人は、しなやかで強いのか』
『メンタルが強くなる60のルーティン』
『なぜランチタイムに本を読む人は、成功するのか。』
『中学時代にガンバれる40の言葉』
『中学時代がハッピーになる30のこと』
『もう一度会いたくなる人の聞く力』
『14歳からの人生哲学』
『受験生すぐにできる50のこと』
『高校受験すぐにできる40のこと』
『ほんのささいなことに、恋の幸せがある。』
『高校時代にしておく50のこと』
『お金持ちは、お札の向きがそろっている。』【文庫】
『仕事の極め方』
『中学時代にしておく50のこと』
『たった３分で愛される人になる』文庫
『【図解】「できる人」のスピード整理術』
『【図解】「できる人」の時間活用ノート』
『自分で考える人が成功する』【文庫】
『入社３年目までに勝負がつく77の法則』【文庫】

【大和書房】
『大人の男の身だしなみ』
『今日から「印象美人」』【文庫】
『いい女のしぐさ』【文庫】
『美人は、片づけから。』【文庫】
『いい女の話し方』【文庫】
『「つらいな」と思ったとき読む本』【文庫】
『27歳からのいい女養成講座』【文庫】
『なぜか「HAPPY」な女性の習慣』【文庫】
『なぜか「美人」に見える女性の習慣』【文庫】
『いい女の教科書』【文庫】
『いい女恋愛塾』【文庫】
『「女を楽しませる」ことが男の最高の仕事。』【文庫】
『いい女練習帳』【文庫】
『男は女で修行する。』【文庫】

【リベラル社】
『哲学の話』
『１分で伝える力』
『「また会いたい」と思われる人「二度目はない」と思われる人』
『モチベーションの強化書』
『50代がもっともっと楽しくなる方法』
『40代がもっと楽しくなる方法』
『30代が楽しくなる方法』
『チャンスをつかむ 超会話術』

中谷彰宏の主な作品一覧

【ダイヤモンド社】

『60代でしなければならない50のこと』
『面接の達人 バイブル版』
『なぜあの人は感情的にならないのか』
『50代でしなければならない55のこと』
『なぜあの人の話は楽しいのか』
『なぜあの人はすぐやるのか』
『なぜあの人は逆境に強いのか』
『なぜあの人の話に納得してしまうのか[新版]』
『なぜあの人は勉強が続くのか』
『なぜあの人は仕事ができるのか』
『25歳までにしなければならない59のこと』
『なぜあの人は整理がうまいのか』
『なぜあの人はいつもやる気があるのか』
『なぜあのリーダーに人はついていくのか』
『大人のマナー』
『プラス1%の企画力』
『なぜあの人は人前で話すのがうまいのか』
『あなたが「あなた」を超えるとき』
『中谷彰宏金言集』
『こんな上司に叱られたい。』
『フォローの達人』
『「キレない力」を作る50の方法』
『女性に尊敬されるリーダーが、成功する。』
『30代で出会わなければならない50人』
『20代で出会わなければならない50人』
『就活時代しなければならない50のこと』
『あせらず、止まらず、退かず。』
『お客様を育てるサービス』
『あの人の下なら、「やる気」が出る。』
『なくてはならない人になる』
『人のために何ができるか』
『キャパのある人が、成功する。』
『時間をプレゼントする人が、成功する。』
『明日がワクワクする50の方法』
『ターニングポイントに立つ君に』
『空気を読める人が、成功する。』
『整理力を高める50の方法』
『迷いを断ち切る50の方法』
『なぜあの人は10歳若く見えるのか』
『初対面で好かれる60の話し方』
『成功体質になる50の方法』
『運が開ける接客術』
『運のいい人に好かれる50の方法』
『本番力を高める57の方法』
『運が開ける勉強法』
『バランス力のある人が、成功する。』
『ラスト3分に強くなる50の方法』
『逆転力を高める50の方法』
『最初の3年その他大勢から抜け出す50の方法』
『ドタン場に強くなる50の方法』
『アイデアが止まらなくなる50の方法』
『思い出した夢は、実現する。』
『メンタル力で逆転する50の方法』
『自分力を高めるヒント』
『なぜあの人はストレスに強いのか』
『面白くなければカッコよくない』
『たった一言で生まれ変わる』
『スピード自己実現』
『スピード開運術』
『スピード問題解決』
『スピード危機管理』
『一流の勉強術』
『スピード意識改革』
『お客様のファンになろう』
『20代自分らしく生きる45の方法』
『なぜあの人は問題解決がうまいのか』
『しびれるサービス』
『大人のスピード説得術』
『お客様に学ぶサービス勉強法』
『スピード人脈術』
『スピードサービス』
『スピード成功の方程式』
『スピードリーダーシップ』
『出会いにひとつのムダもない』
『なぜあの人は気がきくのか』
『お客様にしなければならない50のこと』
『大人になる前にしなければならない50のこと』
『なぜあの人はお客さんに好かれるのか』
『会社で教えてくれない50のこと』

【ぜんにち出版】
『リーダーの条件』
『モテるオヤジの作法2』
『かわいげのある女』

【DHC】
ポストカード『会う人みんな神さま』
書画集『会う人みんな神さま』
『あと「ひとこと」の英会話』

【ユサブル】
『1秒で刺さる書き方』

【大和出版】
『自己演出力』
『一流の準備力』

【秀和システム】
『人とは違う生き方をしよう。』
『なぜいい女は「大人の男」とつきあうのか。』

【海竜社】
『昨日より強い自分を引き出す61の方法』
『一流のストレス』

【リンデン舎】
『状況は、自分が思うほど悪くない。』
『速いミスは、許される。』

【文芸社】
『全力で、1ミリ進もう。』【文庫】
『贅沢なキスをしよう。』【文庫】

【総合法令出版】
『「気がきくね」と言われる人のシンプルな法則』
『伝説のホストに学ぶ82の成功法則』

【サンクチュアリ出版】
『転職先はわたしの会社』
『壁に当たるのは気モチイイ 人生もエッチも』

【青春出版社】
『いくつになっても「求められる人」の小さな習慣』

【WAVE出版】
『リアクションを制する者が20代を制する。』

【河出書房新社】
『成功する人は、教わり方が違う。』

【二見書房】
『「お金持ち」の時間術』【文庫】

【ミライカナイブックス】
『名前を聞く前に、キスをしよう。』

【イースト・プレス】
『なぜかモテる人がしている42のこと』【文庫】

【第三文明社】
『仕事は、最高に楽しい。』

【日本経済新聞出版社】
『会社で自由に生きる法』

【講談社】
『なぜ あの人は強いのか』【文庫】

【アクセス・パブリッシング】
『大人になってからもう一度受けたい コミュニケーションの授業』

【阪急コミュニケーションズ】
『サクセス&ハッピーになる50の方法』

【きこ書房】
『大人の教科書』

中谷彰宏の主な作品一覧

『自分を変える 超時間術』
『問題解決のコツ』
『リーダーの技術』
『一流の話し方』
『一流のお金の生み出し方』
『一流の思考の作り方』

【ぱる出版】
『粋な人、野暮な人。』
『品のある稼ぎ方·使い方』
『察する人、間の悪い人。』
『選ばれる人、選ばれない人。』
『一流のウソは、人を幸せにする。』
『なぜ、あの人は「本番」に強いのか』
『セクシーな男、男前な女。』
『運のある人、運のない人』
『器の大きい人、器の小さい人』
『品のある人、品のない人』

【学研プラス】
『読む本で、人生が変わる。』
『なぜあの人は感じがいいのか。』
『頑張らない人は、うまくいく。』
『見た目を磨く人は、うまくいく【文庫】
『セクシーな人は、うまくいく。』
『片づけられる人は、うまくいく。』【文庫】
『美人力』(ハンディ版)
『怒らない人は、うまくいく。』【文庫】
『すぐやる人は、うまくいく。』【文庫】

【ファーストプレス】
『「超一流」の会話術』
『「超一流」の分析力』
『「超一流」の構想術』
『「超一流」の整理術』
『「超一流」の時間術』
『「超一流」の行動術』
『「超一流」の勉強法』
『「超一流」の仕事術』

【水王舎】
『なぜ美術館に通う人は「気品」があるのか。』
『なぜあの人は「美意識」があるのか。』
『なぜあの人は「教養」があるのか。』
『結果を出す人の話し方』
『「人脈」を「お金」にかえる勉強』
『「学び」を「お金」にかえる勉強』

【あさ出版】
『孤独が人生を豊かにする』
『気まずくならない雑談力』
『「いつまでもクヨクヨしたくない」とき読む本』
『「イライラしてるな」と思ったとき読む本』
『なぜあの人は会話がつづくのか』

【すばる舎リンケージ】
『仕事が速い人が無意識にしている工夫』
『好かれる人が無意識にしている文章の書き方』
『好かれる人が無意識にしている言葉の選び方』
『好かれる人が無意識にしている気の使い方』

【日本実業出版社】
『出会いに恵まれる女性がしている63のこと』
『凛とした女性がしている63のこと』
『一流の人が言わない50のこと』
『一流の男 一流の風格』

【現代書林】
『チャンスは「ムダなこと」から生まれる。』
『お金の不安がなくなる60の方法』
『なぜあの人には「大人の色気」があるのか』

【毎日新聞出版】
『あなたのまわりに「いいこと」が起きる70の言葉』
『なぜあの人は心が折れないのか』
『一流のナンバー2』

「本の感想など、どんなことでも、
あなたからのお手紙をお待ちしています。
僕は、本気で読みます。」

中谷彰宏

〒103-0014
東京都中央区日本橋蛎殻町2-13-5
美濃友ビル3F
株式会社ユサブル
編集部気付　中谷彰宏　行

中谷彰宏は、盲導犬育成作業に賛同し、この本の一部を
（公財）日本盲導犬協会に寄付しています。

迷ったとき、「答え」は歴史の中にある。
歴史を人生に活かす64の方法

2020年6月25日初版第一刷発行

著者　中谷彰宏
発行人　松本卓也
企画編集　髙木真明
発行所　株式会社ユサブル
〒103-0014　東京都中央区日本橋蛎殻町2-13-5
電話：03（3527）3669
http://yusabul.com/
印刷所　株式会社光邦

ISBN978-4-909249-30-2
定価はカバーに表示してあります。
落丁・乱丁はお手数ですが、当社までお問い合わせください。

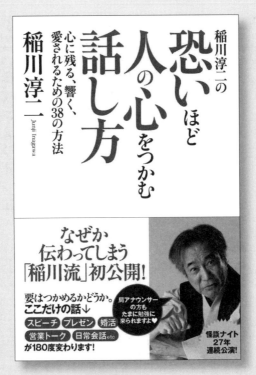